다락원
중한고전대역
6

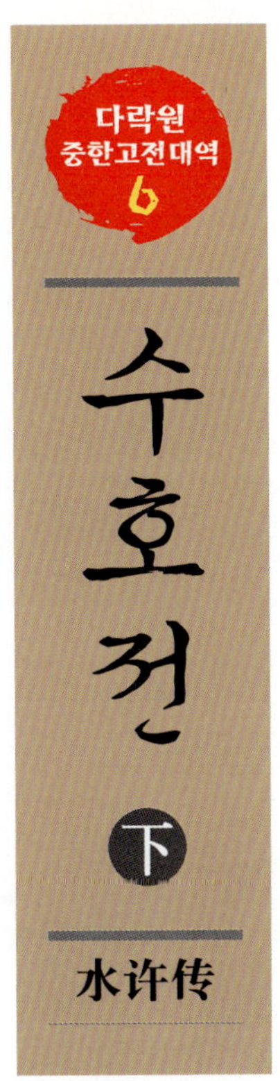

수호전

下

水许传

원작 시내암
개작 류홍위
편역 김효민

다락원

다락원 중한고전대역6
수호전 下

원작 시내암
개작 류홍위
편역 김효민
펴낸이 정효섭
펴낸곳 (주)다락원

초판 1쇄 인쇄 2007년 3월 12일
초판 1쇄 발행 2007년 3월 19일

책임편집 최준희 · 길노을
디자인 윤지은 · 공혜경

다락원 경기도 파주시 교하읍 문발리 509-1
Tel: (031)955-7272

서울사무소: 서울시 종로구 송월동 141
내용문의: (02)736-2031 내선 401~405, 407
구입문의: (02)736-2031 내선 113~114
내용 및 구입문의 Fax: (02)732-2037
출판등록 1977년 9월 16일 제300-1977-23호

ISBN 978-89-5995-562-6 18720
      978-89-5995-544-2 (세트)

머리말

　중국은 우리나라와는 다른 언어계통을 가지고 있지만 지리적으로 인접한 까닭에 역사적으로 깊은 문화적 관계를 유지하며 공존하여 왔다. 언어와 민족은 달라도 문자와 문화는 상당부분을 공유하거나 서로 교류하며 찬란한 동방문화를 일구어내던 중세 고전의 시기가 있었다. 하지만 근세 이후 급속하게 진행된 서구세력의 동진과 이데올로기에 의한 분열이라는 현대사의 불행한 시기를 지나면서 서구의 언어와 문화에 매료되고, 한때 중국어는 더할 수 없이 생소한 외국어로 전락한 적이 있었다.

　그러나 이제 중국은 우리와 가장 가까운 이웃으로 돌아왔으며 최대의 교역 상대국이 되었다. 중국을 이해하고 중국문화를 공부하는 일은 선택이 아니라 이 시대 젊은이의 필수가 되었다고도 할 수 있다. 이제 중국문화의 뿌리 깊은 원류를 이해하고 중국인의 의식구조를 근본적으로 알아내기 위해서는 유구한 역사 속에서 다져진 중국의 고전을 읽는 일이 필수적이다. 중국의 고전은 다행히도 우리에게는 비교적 익숙한 책이기도 하다. 현대 중국과 단절된 시대에도 우리는 같은 중국 고전을 읽고 즐기며 살았다. 중국 고전은 동시에 동아시아 공동의 고전이라고 할 수 있으며 어떤 의미에서는 우리의 선조들이 늘 가까이 접하며 즐기던 우리 고전의 일부라고도 감히 말할 수 있을 것이다.

　오늘날 중국 고전의 원전을 마음대로 독파할 수 있는 사람은 별로 많지 않다. 그런 의미에서 고전의 정수를 일부 골라내어 현대 중국어의 발음을 달고 번역을 붙여서 대조시킨 대역본의 간행은 이 시점에 매우 시의적절한 일이라고 본다.

　훈민정음이 창제된 이후에 많은 한문고전이 원전과 한글을 대조시켜 간행되었다. 우리의 선조들이 중국어 공부를 위해 만들어낸 『노걸대老乞大』와 『박통사朴通事』 같은 교재들도 한문원전과 대역시킨 언해본諺解本을 만들어 보다 쉽게 공부할 수 있도록 하였다. 『삼국연의三國演義』나 『수호전水滸傳』 등은 민간에서 별도의 언해본을 만들어 유통시킨 바 있으며 특히 중국소설 최고의 명작으로 인정되는 『홍루몽紅樓夢』은 19세기 말에 조선왕실의 궁중에서 문사 수십 명을 동원하여 원전과 발음, 그리고 번역문을 동시에 수록하는 대역본을 만들어 120회 전체를 120책이라는 방대한 양의 필사본으로 만들어낸 적도 있다. '낙선재樂善齋 번역소설'로 불리는 이 문고에는 수많은 중국소설의 번역 작품이 들어있는데 그렇게 정교한 대역본으로는 『홍루몽』이 유일한 것이었다. 오늘날 대역문고의 출판보다 백여 년이나 앞서 나온 선구라고 할 수 있다.

　본 다락원 중한고전대역에는 중국고전소설의 중요한 명작을 싣고 있다. 『삼국연의』, 『홍루몽』, 『수호전』, 『서유기西遊記』, 『봉신연의封神演義』는 중국을 대표하는 명작 소설이다. 각각의 작품은 소설사에서 개별 유형의 대표작이기도 하다. 역사소설의 대표작으로서 『삼국연의』, 영웅소설이나 사회소설로서의 『수호전』, 인정소설 혹은 가정소설이라고도 부를 수 있는 『홍루몽』, 신마소설의 대표작인 『서유기』와 『봉신연의』 등을 통해서 독자들은 중국소설의 세계를 한눈에 조망할 수 있을 것이다. 『요재지이聊齋志異』는 지괴와 전기의 다양한 환상을 그리고 있는 문언소설의 최고봉이다. 중국고전소설사에서 또 하나의 명작으로 거론되는 『금병매金瓶梅』와 『유림외사儒林外史』는 여기에 포함되지 못한 아쉬움이 있다. 전자의 경우 중국에서는 여전히 작품 속의 부분적인 성 묘사 내용을 문제삼아 공개적인 소개를 꺼리는 경향이 있지만 사실 세정소설의 대표작으로서 인간의 진솔한 삶을 그리고 있어 『홍루몽』의 선구를 이루는 작품이기도 하다. 후자는 전통 지식인들의 다양한 이면세계를 그려내고 있는 풍자소설의 대표작이다.

풍부한 고전세계를 담고 있는 소설과 더불어 수천 년의 중국역사 속에서 인구에 회자하는 역사고사를 담아내고자 역사의 아버지 사마천司馬遷이 엮은 『사기史記』를 실었고 또 별도로 『고사성어』를 한 권으로 만들었다. 중국어 공부를 위해 만든 대역문고라는 특수성 때문에 보다 많은 작품을 포함시키지 못하고 일부 내용만 실을 수밖에 없는 아쉬움은 있지만 나름대로는 중요한 고전명저를 거의 망라했다고 할 수 있다.

대역본을 만드는 이유는 분명하다. 독자들로 하여금 곧바로 원전의 의미를 이해할 수 있도록 편의를 제공하는 것이다. 원문은 초학자를 위하여 고전의 원문으로부터 일부 개편한 내용을 실었고 현재 중국에서 사용되는 간체자를 사용하고 있으며 한어병음이 친절하게 부기되어 있으므로 독자들은 명작의 감상과 중급 중국어의 학습이라는 두 가지 목표를 동시에 달성할 수 있을 것이다.

본 다락원 중한고전대역의 역자들은 대부분 이 분야에서 깊이 연구한 전공자들이며 현재 학계에서 활약하는 신진 학자들이다. 각 분야의 고전명저를 소개하고 번역하는 데 손색이 없다고 본다. 필자와는 오랜 학문적 인연을 지니고 있는데다 진작부터 이러한 대역본의 출현을 고대하던 필자로서는 더욱 기쁜 마음으로 서문을 쓰는 바이다.

연홍헌(研紅軒)에서 최용철

이 작품을 읽기 전에 ...

01 작품 소개

『수호전』은 북송北宋 시대에 발생했던 송강宋江 무리의 봉기라는 역사적 사건과 관련한 다양한 이야기들이 원말명초元末明初에 와서 하나의 작품으로 엮어진 중국의 대표적인 고전 장편소설로서, 『삼국지연의三國志演義』, 『서유기西遊記』, 『금병매金瓶梅』와 더불어 네 편의 걸출한 소설작품이라는 의미에서 이른바 '사대기서四大奇書'라 일컬어진다. 작품은 기존의 불합리한 사회질서에 반항하는 송강宋江 등 108명의 영웅호한들이 기존의 사회로부터 이탈해 점차 양산박梁山泊으로 모여들어 조정의 관군과 맞서다가 후에 조정에 투항하여 끝내 비극적인 최후를 맞이하는 이야기를 그리고 있다.

『수호전』은 역사적 사건에 뿌리를 두면서도 역사소설인『삼국지연의』와는 달리 대부분의 내용이 허구적인 영웅담으로 이루어져 중국소설사상 이른바 '영웅전기소설英雄傳奇小說'이라는 새로운 갈래의 등장을 선도하였다. 또 수많은 영웅들의 활약상을 생동적이고 허구성 짙은 필치로 묘사하면서 각양각색의 인물들의 개성을 선명하게 부각시켜 고대소설 인물묘사의 예술적 수준을 한 단계 끌어올렸으며, 언어적으로도 생생한 구어와 백화체를 과감히게 도입함으로써 소설 언어의 발전에 있어서 새로운 국면을 열었다. 사상적인 측면에 있어서는 사회 중, 하층 출신의 영웅호한들이 불합리한 기존의 권력 질서에 저항하고 투쟁하는 이야기를 그림으로써 강한 민중성을 드러낸 것으로 평가된다. 이 같은 성과로 인하여『수호전』은 후대에 많은 속서續書와 동류 작품의 탄생을 낳았고, 희곡, 영화, 그림 등 다양한 장르로 개작되었을 뿐 아니라 세계 여러 나라에 전파되는 등 큰 영향을 미치게 되었다.

02 작자 소개

지은이 시내암(施耐庵, 1296?~1370?)

일반적으로『수호전』의 작자는 시내암施耐庵인 것으로 알려져 있으나 그의 생애에 관해서는 거의 확인된 바가 없다. 시내암은 원말명초를 살았던 문인으로『삼국지연의』의 작자인 나관중羅貫中과 동시대 인물이며, 절강성浙江省 항주杭州 출신으로 알려져 있다. 참고로『수호전』의 작자는 시내암이 아니라 나관중이라는 주장도 있고, 시내암과 나관중이 공동저자라는 견해도 있다.

 주요인물 소개

1. 송강宋江

원래 현 아문의 압사押司였으나 염파석을 죽인 후 양산박으로 피신하여 양산박의 제3대 두목이 된다. 송강은 작품에서 가장 이상적으로 그려지고 있는 인물로, 늘 의로운 행동을 함으로써 강호의 호한들과 일반 백성들로부터 존경을 한 몸에 받는 존재로 묘사된다. 도량이 크고 지략이 뛰어나 양산박의 영수로 뛰어난 지도력을 발휘하며, 후에 조정으로의 귀순을 이끌게 된다. 그러나 나라에 대한 자신의 충정이 간신들의 모함에 의해 왜곡되면서 결국 비극적인 최후를 맞는다.

2. 노지심魯智深

대단한 힘과 무예를 지니고 있으며 호쾌하면서도 거칠고 불같은 성격의 인물로, 정직하고 사심이 없으며 불의를 보면 참지 못하고 용감하게 행동한다. 원래 꽤 지위가 높은 중급 군관이었으나 진관서를 죽이고 도피하기 위해 머리를 깎고 중이 되었다가 또 다시 도피하는 신세가 되어 결국 도적이 되고 후에 양산박의 일원이 된다. 노지심은 일반적으로 『수호전』 안에서 가장 용감하고 의협심 있는 인물형상으로 평가된다.

3. 임충林沖

원래 고급 무관 출신으로 무예가 절륜하여 강호에서 명성이 높은 인물로 그려진다. 임충은 외모가 『삼국지연의』의 장비와 매우 닮은 것으로 그려지나, 외모와는 달리 사람됨이 매우 소박하고 충후한 성격적 특징을 보여준다. 그는 훌륭한 인품과 사회적 지위, 뛰어난 무예실력에도 불구하고 억울하게 모함을 받아 유배를 당하고 살해당할 위기까지 겪으면서 결국 살인을 하고 양산박에 오르게 된다. 임충은 여러 영웅호한들 가운데 이른바 '핍상양산逼上梁山'을 가장 전형적으로 보여 주는 인물로 꼽힌다.

4. 고구高俅

작품 내에서 채경蔡京 등과 함께 나라를 망치는 4대 간신 중의 하나로 매우 부정적으로 그려지는 인물이다. 원래 미천한 신분의 불량배에 불과했으나 아직 등극하기 전의 송 휘종의 눈에 들어 벼락출세를 하게 되었고, 출세 이후에는 악질 관료로서의 모습으로 일관한다. 특히 작품 내에서 양산박에 대한 토벌을

적극적으로 주장함으로써 양산의 호한들과 대립면을 이루는 인물로 그려진다.

5. 시진柴進

『수호전』의 108호한 가운데 원래의 신분이 가장 높은 귀족출신이며, 강호의 호걸들과 사귀기를 좋아하고 자신의 재물을 내어 의로운 일을 많이 하여 '현세의 맹상군孟嘗君'으로 불리며 많은 사람들의 존경을 받는 인물로 그려진다.

6. 양지楊志

대대로 이어온 무관 집안의 후손이자 자신 역시 무예가 매우 뛰어난 무관 출신이다. 화석강 운송 임무를 그르쳐 관직을 잃고 후에 다시 채태사를 위한 생신강을 운반하다 약탈당하여, 결국 자신도 어쩔 수 없이 강도가 되고 후에 양산박의 일원이 된다.

7. 왕륜王倫

양산박의 초대 두목으로 자신보다 뛰어난 인재를 시기하는 등 도량이 좁은 인물로 그려진다. 왕륜은 결국 협소한 도량 때문에 임충과 갈등을 일으켜 죽음을 당하게 된다.

8. 조개晁蓋

농촌의 지주 출신이며 재물을 가볍게 여기고 의를 중시하며 강호의 호한들과 사귀기를 좋아하는 인물로서 왕륜 사후 양산박의 제2대 두목이 된다. 시진과는 달리 신분이 낮아 사람됨이 거칠며, 왕륜에 비해서는 도량이 크지만 영수로서 웅재대략을 지닌 큰 인물은 못되는 것으로 그려진다.

9. 오용吳用

원래 시골마을의 훈장 출신이며 지략이 뛰어난 책사策士형 인물로 조개를 도와 교묘한 계책으로 생신강을 탈취하고 후에 양산박에서 군사軍師로 활약하며 수많은 공을 세운다. 오용은 일반적으로 지모가 있고 권모술수에는 능하지만 원대한 이상이나 신념, 의협심, 선명한 개성을 갖추지는 못한 인물로 평가된다.

10. 무송武松

당당한 외모의 8척 장신으로 경양강에서 맨손으로 호랑이를 때려잡는 이야기에서 보듯이 명실상부한 영웅의 면모를 보여주는 인물이다. 무송은 형 무대랑武大郎이 서문경西門慶에게 독살되자 서문경과 형수 반금련潘金蓮 등을 잔혹하게 살해함으로써 강렬한 복수의식을 보여주기도 한다.

11. 화영花榮

공신功臣의 후손이며 무관출신이다. 젊고 잘생겼으며 무예가 뛰어난 인물로 묘사된다. 특히 활솜씨가 매우 뛰어나 작품 안에서 화영의 이야기는 주로 그의 활솜씨를 중심으로 전개된다. 양산박에 가담한 이후에도 전투 때마다 출전하여 많은 공을 세우고, 후에 송강이 죽자 오용과 함께 목을 매어 자결한다.

12. 대종戴宗

원래 강주의 옥관 출신으로 오용과 절친한 사이이다. 양산박에 가담하기 전에는 감옥의 수감자들로부터 가혹하게 금품을 뜯어내는 악질 옥관으로 그려진다. 대종은 하루에도 수백 리 길을 갈 수 있는 놀라운 재능을 지니고 있어 양산박에서 정탐과 전령으로서 큰 활약을 보여준다.

13. 이규李逵

원래 대종 수하의 옥졸 출신이며 작품 내에서 개성이 가장 선명한 인물로 시원스럽고 거칠면서도 천진난만한 성격적 특징을 보여준다. 이규는 의협심이 매우 강하고 현실에 대한 불만이 많으며 대담하게 조정과 봉건체제를 업신여기기도 한다. 그래서 그는 모든 노력을 다 바쳐 송강에게 충성하면서도 조정에 귀순하자는 송강의 주장에 적극 반대한다. 그러나 결국은 송강의 뜻에 따라 조정에 귀순하고 후에 송강과의 '의義'를 위해 목숨을 바친다.

일러두기

1. 이 책의 번역은 대역문고의 성격을 살리고자, 어색한 한국어를 피하는 수준에서 직역 위주로 번역하였다.

2. 이 책의 표기는 다음과 같은 규칙을 따랐다.
   ① 이 책에 등장하는 인명 및 지명, 고유명사는 한자독음대로 표기하였다.
      예 杨志 양지   梁山泊 양산박
   ② 이 책의 한어병음 표기와 어휘의 뜻은 『中韓辭典』(고대민족문화연구소 편)과 『应用汉语词典』(商务印书馆 편)에 따라 표기하였다. 단, 일부 경성 표기나 병음 띄어쓰기의 경우 예외를 두었다.

3. 오디오CD에는 수호전 본문 전체와 실력 다지기의 듣기문제가 녹음되어 있다.

차 례

수호전

水许传 

下

七英雄智取生辰纲

端午节这天，梁中书在后堂与夫人举行家宴。
Duānwǔjié zhè tiān, Liáng zhōngshū zài hòutáng yǔ fūrén jǔxíng jiāyàn.

夫人边吃边说："相公今天身为统帅，大权在握，
Fūrén biān chī biān shuō : "Xiànggōng jīntiān shēnwéi tǒngshuài, dàquán zàiwò,

可知这功名富贵从何而来？"梁中书说："人非草
kě zhī zhè gōngmíng fùguì cóng hé ér lái?" Liáng zhōngshū shuō : "Rén fēi cǎo

木，怎能忘岳父提携之恩？岳父是六月十五日生辰。
mù, zěnnéng wàng yuèfù tíxié zhī ēn? Yuèfù shì liù yuè shíwǔ rì shēngchén.

我已派人拿十万贯去收买稀世珍宝，一个月前就去
Wǒ yǐ pàirén ná shíwàn guàn qù shōumǎi xīshì zhēnbǎo, yí ge yuè qián jiù qù

办了，现已快备齐，再过几天，便派人送去。只有
bàn le, xiàn yǐ kuài bèiqí, zài guò jǐ tiān, biàn pàirén sòngqù. Zhǐyǒu

一事叫人懊恼：去年也收买了许多古玩和珠宝，派
yí shì jiàorén àonǎo : Qùnián yě shōumǎi le xǔduō gǔwán hé zhūbǎo, pài

人送往京师，半路上却被强盗劫了，至今也没抓住
rén sòng wǎng jīngshī, bànlù shang què bèi qiángdào jié le, zhìjīn yě méi zhuāzhù

那些人。今年派谁去好呢？"蔡夫人说："帐前有
nàxiē rén. Jīnnián pài shéi qù hǎo ne?" Cài fūrén shuō : "Zhàng qián yǒu

那么多军官，选一个心腹之人去就是了。"
nàme duō jūnguān, xuǎn yí ge xīnfù zhī rén qù jiùshì le."

일곱 영웅이 지략으로 생신강을 탈취하다

단오절 날 양중서는 별당에서 부인과 집안 잔치를 열었다. 부인은 음식을 먹으면서 이렇게 말하였다. "당신은 지금 원수로서 대권을 쥐고 계시는데, 이 부귀공명이 어디에서 온 건지는 아시죠?" 양중서가 말했다. "사람이 목석이 아니거늘 어찌 장인이 돌봐주신 은혜를 잊을 수 있겠소? 장인은 6월 15일이 생신이시지. 나는 진작 사람을 보내 돈 10만 꾸러미를 가지고 가서 세상에서 보기 드문 진귀한 보물을 사들이게 했는데, 한 달 전에 벌써 처리하도록 보내 이제 준비가 다 되어 가니, 며칠만 더 지나면 사람을 시켜 갖다드릴 거요. 다만 한 가지 괴로운 일이 있소. 작년에도 수많은 골동품과 보석을 사서 사람을 시켜 서울로 보냈다가 도중에 강도에게 약탈당했는데, 지금까지도 그들을 잡지 못하고 있소. 올해는 누구를 보내야 좋을지!" 채부인이 말했다. "막하에 그렇게 많은 군관들이 있는데 심복 하나를 뽑아 보내면 되겠네요."

智取 zhìqǔ 지략으로 취하다 **｜** **后堂** hòutáng 후당, 정당(正堂) 뒤에 있는 별당 **｜** **家宴** jiāyàn 집안 잔치 **｜** **相公** xiànggōng 옛날, 부인이 자기 남편을 높여 일컫는 말 **｜** **统帅** tǒngshuài 통솔자, 원수 **｜** **在握** zàiwò (손에) 쥐고 있다 **｜** **岳父** yuèfù 장인 **｜** **提携** tíxié (후진을) 돌보다, 육성하다 **｜** **收买** shōumǎi 사들이다 **｜** **稀世** xīshì 세상에 드물다 **｜** **珍宝** zhēnbǎo 진귀한 보물 **｜** **备齐** bèiqí 다 갖추다 **｜** **懊恼** àonǎo 마음이 언짢다, 괴롭다 **｜** **古玩** gǔwán 골동품 **｜** **珠宝** zhūbǎo 진주, 보석류의 장식물 **｜** **劫** jié 강탈하다 **｜** **帐前** zhàng qián 영내(營內), 막하(幕下) **｜** **心腹(之人)** xīnfù (zhī rén) 심복, 마음 놓고 믿을 수 있는 사람

这十万贯生辰纲[1]早惊动了梁山泊的众多
Zhè shíwàn guàn shēngchéngāng zǎo jīngdòng le Liángshānpō de zhòngduō

好汉，为首的是东溪村保正[2]晁盖，其余六位是智多
hǎohàn, wéishǒu de shì Dōngxīcūn bǎozhèng Cháo Gài, qíyú liù wèi shì zhìduō

星[3]吴用、赤发鬼[4]刘唐、入云龙[5]公孙胜，以及阮
xīng Wú Yòng、chìfàguǐ Liú Táng、rùyúnlóng Gōngsūn Shèng, yǐjí Ruǎn

氏三兄弟：阮小二、阮小五、阮小七。七个人商
shì sān xiōngdì : Ruǎn Xiǎo'èr、Ruǎn Xiǎowǔ、Ruǎn Xiǎoqī. Qī ge rén shāng-

议，这生辰纲是不义之财，一定把它夺到手。
yì, zhè shēngchéngāng shì búyì zhī cái, yídìng bǎ tā duódào shǒu.

不久，十万贯生辰礼物准备齐全，梁中书又为
Bùjiǔ, shíwàn guàn shēngchén lǐwù zhǔnbèi qíquán, Liáng zhōngshū yòu wèi

挑选押送生辰纲的人发愁。正踌躇不决，夫人指着
tiāoxuǎn yāsòng shēngchéngāng de rén fāchóu. Zhèng chóuchú bù jué, fūrén zhǐ zhe

阶下说："你常说这个人了不得，何不派他前去？"
jiēxià shuō : "Nǐ cháng shuō zhège rén liǎo bude, hébù pài tā qiánqù?"

이 10만 꾸러미 값어치의 생신강은 일찌감치 양산박의 뭇 호한들을 떠들썩하게 하였는데, 그 우두머리는 동계촌의 보정 조개였고, 나머지 여섯 명은 지다성 오용, 적발귀 유당, 입운룡 공손승, 그리고 완씨 삼형제인 완소이, 완소오, 완소칠이었다. 일곱 사람은 생신강은 의롭지 못한 재물이니 반드시 그것을 빼앗아 손에 넣어야 한다고 의논하였다.

오래지 않아 10만 꾸러미의 생신 예물이 빠짐없이 준비되었고, 양중서는 또 생신강을 호송할 사람을 선발하는 일로 고심하였다. 주저하며 결정을 내리지 못하고 있는데 부인이 계단 아래를 가리키며 말했다. "당신은 늘 저 사람이 대단하다고 말하시는데 그를 보내는 건 어떠세요?"

1 **生辰纲** : 생신강. 대열을 지어 운송하는 대규모 생신 축하 예물.
2 **保正** : 보정. 송대 말단 행정단위의 책임자로서 일종의 촌장에 해당한다.
3 **智多星** : 지다성. 머리가 좋고 묘책이 많다는 의미에서 붙여진 별명이다.
4 **赤发鬼** : 적발귀. 밤색에 가까운 붉은 빛 머리카락에 도깨비 같은 외모를 가지고 있어서 붙여진 별명이다.
5 **入云龙** : 입운룡. 도술을 배워 호풍환우(呼風喚雨)하고 운무를 타고 날 수 있다고 하여 붙여진 별명이다.

惊动 jīngdòng 놀라게 하다, 떠들썩하게 하다 ∣ **不义之财** búyì zhī cái 의롭지 못한 수단으로 얻은 재물 ∣ **齐全** qíquán 완전히 갖추다 ∣ **挑选** tiāoxuǎn 고르다 ∣ **发愁** fāchóu 근심하다 ∣ **踌躇** chóuchú 주저하다 ∣ **阶下** jiēxià 계단 앞 ∣ **了不得** liǎo bude 대단하다, 훌륭하다

梁中书一看原来是青面兽杨志。梁中书大
Liáng zhōngshū yí kàn yuánlái shì qīngmiànshòu Yáng Zhì. Liáng zhōngshū dà-

喜，立即叫杨志上厅说："我差点把你忘了，你若
xǐ, lìjí jiào Yáng Zhì shàng tīng shuō : "Wǒ chàdiǎn bǎ nǐ wàng le, nǐ ruò

能把生辰纲送去，我定会重重赏你。"杨志说：
néng bǎ shēngchéngāng sòngqù, wǒ dìng huì zhòngzhòng shǎng nǐ." Yáng Zhì shuō :

"恩相差遣，我不敢反对，只是不知怎样准备，何时
"Ēn xiàng chāiqiǎn, wǒ bùgǎn fǎnduì, zhǐshì bù zhī zěnyàng zhǔnbèi, héshí

动身？"梁中书说："让大名府派十辆车子，拨十
dòngshēn?" Liáng zhōngshū shuō : "Ràng Dàmíngfǔ pài shí liàng chēzi, bō shí

个禁军押车，每辆车上插一把黄旗，上写'献贺太
ge jìnjūn yāchē, měi liàng chēshàng chā yì bǎ huángqí, shàng xiě 'xiàn hè tài-

师生辰纲 ¹'，三天内便出发。"
shī shēngchéngāng', sān tiān nèi biàn chūfā."

양중서가 보니 다름 아닌 청면수 양지였다. 양중서는 크게 기뻐하며 즉시 양지
를 당상으로 올라오게 하고는 이렇게 말했다. "내가 하마터면 자네를 잊을 뻔 했
네. 자네가 만약 생신강을 운반해 준다면 내가 반드시 후한 상을 내리겠네." 양지
가 말했다. "각하께서 보내신다면 제가 어찌 감히 반대를 하겠습니까? 단지 어떻
게 준비해서 언제 출발해야 하는지 모를 따름입니다." 양중서가 말했다. "대명부
에 수레 10대를 보내게 하고 10명의 금군을 뽑아 수레를 호송케 하고, 각 수레마
다 황색 깃발을 하나씩 꽂아 그 위에 '헌하태사생신강'이라고 써서 사흘 내로 출발
하게."

1 献贺太师生辰纲 : 태사의 생신 축하용으로 바치는 예물 행렬이라는 뜻이다.

立即 lìjí 즉시 ㅣ 差点(儿) chàdiǎn(r) 하마터면 ㅣ 若 ruò 만약 ㅣ 重重 zhòngzhòng 대단하다. 심하
다 ㅣ 差遣 chāiqiǎn 파견하다

七英雄智取生辰纲
07
17

杨志说："恩相听我说，小人听说去年的生
Yáng Zhì shuō : "Ēnxiàng tīng wǒ shuō, xiǎorén tīngshuō qùnián de shēng-

辰纲被强盗劫了，至今没有抓获。今年路上盗贼更
chéngāng bèi qiángdào jié le, zhìjīn méiyǒu zhuāhuò. Jīnnián lùshàng dàozéi gèng

多，从这里到东京，没有水路，全是旱路，经过的
duō, cóng zhèlǐ dào Dōngjīng, méiyǒu shuǐlù, quán shì hànlù, jīngguò de

是紫金山、二龙山、桃花山、伞盖山、黄泥冈、白
shì Zǐjīnshān、Èrlóngshān、Táohuāshān、Sǎngàishān、Huángnígāng、Bái-

沙坞、野云渡、赤松林，这些都是强盗出没的地方。
shāwù、Yěyúndù、Chìsōnglín, zhèxiē dōu shì qiángdào chūmò de dìfang.

单身客人都不敢从此路过。他们知道咱们车上是金
Dānshēn kèrén dōu bùgǎn cóng cǐ lùguò. Tāmen zhīdào zánmen chēshàng shì jīn-

银财宝还不抢劫？因此去不得。"梁中书说："叫你
yín cáibǎo hái bù qiǎngjié? Yīncǐ qù bude." Liáng zhōngshū shuō : "Jiào nǐ

一说，这生辰纲就不能送了？"
yì shuō, zhè shēngchéngāng jiù bùnéng sòng le?"

杨志又说："依我的办法，并不要车，把礼物
Yáng Zhì yòu shuō : "Yī wǒ de bànfǎ, bìng bú yào chē, bǎ lǐwù

都装在十几个担子上，打扮成货商模样，再派十
dōu zhuāngzài shíjǐ ge dànzi shang, dǎbàn chéng huòshāng múyàng, zài pài shí-

几个健壮的禁军，打扮成脚夫挑着，只派一个人和
jǐ ge jiànzhuàng de jìnjūn, dǎbàn chéng jiǎofū tiāo zhe, zhǐ pài yí ge rén hé

我同去，打扮成客商，悄悄连夜上东京交付，这么
wǒ tóng qù, dǎbàn chéng kèshāng, qiāoqiāo liányè shàng Dōngjīng jiāofù, zhème

做保险。"
zuò bǎoxiǎn."

양지가 말했다. "각하, 제 말씀을 들어보십시오. 소인이 듣건대 작년의 생신강은 강도에게 약탈당해 아직까지 붙잡지 못했다고 했습니다. 올해는 노상에 도적들이 더 많습니다. 여기서 동경까지는 수로가 없고 모두 육로이며 지나는 곳은 자금산, 이룡산, 도화산, 산개산, 황니강, 백사오, 야운도, 적송림 등인데 그곳들은 다 강도가 출몰하는 곳입니다. 단신 길손조차 감히 그리로 지나가려 하지 않습니다. 그들이 우리 수레에 실은 것이 금은보화라는 것을 알면서도 강탈하려 하지 않겠습니까? 그러니 갈 수 없습니다." 양중서가 말했다. "자네 말대로라면 이 생신강을 운반할 수 없다는 건가?"

양지가 또 말했다. "제 방법대로라면 수레도 필요없습니다. 보부상 차림으로 꾸며 예물을 모두 십여 개의 짐 안에 넣고 또 십여 명의 건장한 금군을 시켜 짐꾼으로 꾸며 메게 하고, 한 사람만 행상으로 분장시켜 저와 함께 가도록 하고는 조용히 며칠 밤 계속해서 동경으로 올라가 인도하는 겁니다. 이렇게 하는 것이 안전합니다."

抓获 zhuāhuò 붙잡다 | 旱路 hànlù 육로 | 出没 chūmò 출몰하다 | 客人 kèrén 길손 | 路过 lùguò 통과하다 | 抢劫 qiǎngjié 약탈하다 | 依 yī ~에 따라, ~대로 | 装 zhuāng (물품을) 담다, 싣다 | 担子 dànzi 짐 | 货商 huòshāng 객상 | 健壮 jiànzhuàng 건장하다 | 脚夫 jiǎofū 짐꾼 | 客商 kèshāng 행상 | 连夜 liányè 며칠 밤 계속 | 交付 jiāofù 건네주다 | 保险 bǎoxiǎn 안전하다

梁中书说："你说得很对，我一定给太师写信
Liáng zhōngshū shuō : "Nǐ shuō de hěn duì, wǒ yídìng gěi tàishī xiěxìn

尽力推荐你做个大官。"杨志叩首谢恩，立即开始
jìnlì tuījiàn nǐ zuò ge dàguān." Yáng Zhì kōu shǒu xiè ēn, lìjí kāishǐ

出发前的准备，临走又立了军令状[1]。
chūfā qián de zhǔnbèi, línzǒu yòu lì le jūnlìngzhuàng.

这时正是五月中旬，天气晴朗，酷暑难挨。杨
Zhèshí zhèngshì wǔ yuè zhōngxún, tiānqì qínglǎng, kùshǔ nán ái. Yáng

志一行十五人，每天起五更[2]，趁清早凉快便走，中
Zhì yìxíng shíwǔ rén, měitiān qǐ wǔgēng, chèn qīngzǎo liángkuài biàn zǒu, zhōng-

午热时便休息。
wǔ rè shí biàn xiūxi.

这一天，晴空万里，红日高照，杨志一伙艰
Zhè yì tiān, qíngkōng wàn lǐ, hóngrì gāo zhào, Yáng Zhì yìhuǒ jiān

难地在崎岖的山路上行走，时近中午又热又累又
nán de zài qíqū de shānlù shang xíngzǒu, shí jìn zhōngwǔ yòu rè yòu lèi yòu

渴，军汉们想到树下歇凉，杨志却挥动藤条喝道：
kě, jūnhànmen xiǎng dào shùxià xiēliáng, Yáng Zhì què huīdòng téngtiáo hèdào :

"快走，谁叫你们歇息？"路越来越难走，脚下的
"Kuài zǒu, shéi jiào nǐmen xiēxi?" Lù yuèláiyuè nán zǒu, jiǎoxià de

石头烫得不行，军汉们实在走不动，纷纷抱怨：
shítou tàng de bùxíng, jūnhànmen shízài zǒu bu dòng, fēnfēn bàoyuàn :

"这样热的天气，简直要把人晒死！"
"Zhèyàng rè de tiānqì, jiǎnzhí yào bǎ rén shàisǐ!"

양중서가 말했다. "자네 말이 아주 옳네. 내가 반드시 태사님께 편지를 써서 자네가 큰 관직을 할 수 있도록 적극 추천하겠네." 양지는 머리를 조아려 절하며 은혜에 감사하고는 즉시 출발 전 준비를 시작하였고, 떠날 때는 또 군령장을 써서 바쳤다.

이때는 바야흐로 음력 5월 중순이라 날씨는 구름 한 점 없이 맑고, 찌는 듯한 더위를 견디기가 힘들었다. 양지 일행 열다섯 명은 매일 오경에 일어나 선선한 새벽을 이용해 이동했고, 더운 한낮에는 휴식을 취했다.

이 날 하늘은 한없이 맑고 붉은 태양은 높이 비춰 양지 일행은 울퉁불퉁한 산 길을 힘겹게 걷고 있었다. 점심때가 가까워지자 덥고 지치고 목이 탔다. 병졸들은 나무 아래로 가서 쉬며 더위를 식히고 싶었지만 양지는 등나무 줄기를 휘두르며 소리쳤다. "빨리 걸어, 누가 너희들더러 쉬래?" 길은 갈수록 걷기 어려워졌고 발밑의 돌은 너무나도 뜨거워, 병졸들은 정말로 더 이상 걸을 수가 없어 너도나도 원망했다. "날씨가 이렇게 더우니, 정말이지 사람 쬐어 죽이겠네!"

1 军令状 : 군령장. 옛날, 군령을 받은 후 쓰는 서약서. 만약 임무완수를 못하면 군령에 의해 처벌받겠다는 내용을 써 넣었다.

2 五更 : 오경. 하룻밤을 다섯으로 나눴을 때의 다섯째 부분. 새벽 3시에서 5시 사이.

尽力 jìnlì 힘을 다하다 ｜ 叩首 kòu shǒu 머리를 조아려 절하다 ｜ 晴朗 qínglǎng 구름 한 점 없이 쾌청하다 ｜ 酷暑 kùshǔ 무더위 ｜ 挨 ái 견디다 ｜ 清早 qīngzǎo 이른 아침, 새벽 ｜ 晴空 qíngkōng 맑게 갠 하늘 ｜ 崎岖 qíqū 울퉁불퉁하다 ｜ 军汉 jūnhàn 병졸 ｜ 歇凉 xiēliáng 쉬며 더위를 식히다 ｜ 藤条 téngtiáo 등나무 줄기 ｜ 抱怨 bàoyuàn 원망하다 ｜ 简直 jiǎnzhí 그야말로, 정말 ｜ 晒 shài 햇볕이 내리쬐다

杨志催促着大家："不能停，这里叫黄泥冈，
Yáng Zhì cuīcù zhe dàjiā : "Bùnéng tíng, zhèlǐ jiào Huángnígāng,

是强盗出没的地方，等过了黄泥冈，再想办法。"
shì qiángdào chūmò de dìfang, děng guò le Huángnígāng, zài xiǎng bànfǎ."

然而到了冈上，军汉们都累垮了，在松树荫下
Rán'ér dào le gāngshàng, jūnhànmen dōu lèikuǎ le, zài sōngshù yīnxià

躺倒便睡，杨志打了这个，那个又睡倒，实在无可
tǎngdǎo biàn shuì, Yáng Zhì dǎ le zhège, nàge yòu shuìdǎo, shízài wú kě

奈何。正束手无策，只见对面松林有个人影闪过。
nài hé. Zhèng shù shǒu wú cè, zhǐ jiàn duìmiàn sōnglín yǒu ge rényǐng shǎnguò.

杨志提了朴刀赶到林中，只见松林里一字摆着七辆
Yáng Zhì tí le pōdāo gǎndào línzhōng, zhǐ jiàn sōnglín li yízì bǎi zhe qī liàng

江州车子，七个人脱得赤条条的在那里乘凉，见杨
Jiāngzhōu chēzi, qī ge rén tuō de chìtiáotiáo de zài nàli chéngliáng, jiàn Yáng

志过来都惊讶地站起来。杨志喝问："你们是什么
Zhì guòlái dōu jīngyà de zhàn qǐlái. Yáng Zhì hèwèn : "Nǐmen shì shénme

人？"那七人也问："你是什么人？"
rén?" Nà qī rén yě wèn : "Nǐ shì shénme rén?"

杨志说："你们莫非是坏人？"
Yáng Zhì shuō : "Nǐmen mòfēi shì huàirén?"

垮 kuǎ 무너지다, 망가지다 ┃ 无可奈何 wú kě nài hé 어찌할 도리가 없다 ┃ 束手无策 shù shǒu wú cè 속수무책이다 ┃ 闪 shǎn 갑자기 나타나다 ┃ 朴刀 pōdāo 박도, 장검. 날이 좁고 길며 자루가 짧은 옛날 무기 ┃ 江州车子 Jiāngzhōu chēzi 바퀴가 하나 달린 손수레 ┃ 赤条条 chìtiáotiáo 실오라기 하나 걸치지 않다 ┃ 乘凉 chéngliáng 더위를 피하여 서늘한 바람을 쐬다 ┃ 惊讶 jīngyà 놀라다

양지는 모두에게 다그쳤다. "멈춰선 안 된다. 여기는 황니강이라는 곳으로 강도가 출몰하는 곳이니 황니강을 지나고 나서 방법을 생각해 보자."

그러나 산등성이에 다다르자 병사들은 모두 지칠 대로 지쳐 소나무 그늘 아래 벌렁 드러누워 잠을 잤다. 양지가 이놈을 때리면 저놈이 또 잠들어 쓰러지니 정말 어쩔 도리가 없었다. 속수무책인 가운데 맞은편 소나무 숲에서 사람 그림자가 스쳐지나가는 것이 보였다. 양지가 박도를 들고 숲속으로 쫓아가 보니 소나무 숲 안에 일곱 대의 외바퀴 수레가 일자 모양으로 늘어서 있고, 일곱 사람이 옷을 홀딱 벗은 채 그곳에서 더위를 식히고 있었다. 양지가 다가오는 것을 보자 모두 놀라 일어섰다. 양지가 "너희들은 뭐 하는 사람들이냐?" 하고 소리쳐 묻자 그 일곱 사람은 "당신은 뭐 하는 사람이오?" 하고 되물었고, 양지는 "너희는 틀림없이 나쁜 놈들이렸다?" 하고 말했다.

那七人说：“我们是做小买卖的，贩枣子上东
Nà qī rén shuō : "Wǒmen shì zuò xiǎo mǎimài de, fàn zǎozi shàng Dōng

京去，经过这里，常听人说这黄泥冈上有贼人抢
jīng qù, jīngguò zhèlǐ, cháng tīng rén shuō zhè Huángnígāng shang yǒu zéirén qiǎng-

劫客商。我们没有别的，只有七车大枣。”杨志
jié kèshāng. Wǒmen méiyǒu biéde, zhǐyǒu qī chē dàzǎo." Yáng Zhì

说：“原来也是做生意的，我还当是坏人。”回到担
shuō : "Yuánlái yěshì zuò shēngyì de, wǒ hái dāng shì huàirén." Huídào dàn-

边来，对众人说：“俺以为是坏人，原来是几个卖
biān lái, duì zhòngrén shuō : "Ǎn yǐwéi shì huàirén, yuánlái shì jǐ ge mài

枣子的。没事就好，你们歇吧，等凉快些再走。”军
zǎozi de. Méi shì jiù hǎo, nǐmen xiē ba, děng liángkuài xiē zài zǒu." Jūn-

汉们一听都笑了。杨志把朴刀插在地上，也坐在一
hànmen yì tīng dōu xiào le. Yáng Zhì bǎ pōdāo chāzài dìshang, yě zuòzài yì-

旁的树下休息。
páng de shùxià xiūxi.

不一会儿，一个汉子挑着两只桶上冈来，只听
Bùyíhuìr, yí ge hànzi tiāo zhe liǎng zhī tǒng shàng gāng lái, zhǐ tīng

他唱道：“赤日炎炎似火烧，野田禾稻半枯焦。农
tā chàng dào : "Chìrì yányán sì huǒ shāo, yětián hédào bàn kūjiāo. Nóng-

夫心内如汤煮，公子王孙把扇摇。”唱完，放下挑担，
fū xīn nèi rú tāng zhǔ, gōngzǐ wángsūn bǎ shàn yáo." Chàngwán, fàngxià tiāodàn,

坐地乘凉。军汉们见了，上前问道：“你的桶里是
zuò dì chéngliáng. Jūnhànmen jiàn le, shàngqián wèndào : "Nǐ de tǒngli shì

什么东西？”那汉子回答：“是白酒。”军汉们问：“多
shénme dōngxi?" Nà hànzi huídá : "Shì báijiǔ." Jūnhànmen wèn : "Duō-

少钱一桶？”汉子道：“五贯钱一桶。”
shǎo qián yì tǒng?" Hànzi dào : "Wǔ guàn qián yì tǒng."

그 일곱 사람은 이렇게 말했다. "우리는 작은 장사꾼들이고 대추를 팔러 동경으로 가는 길에 여기를 지나는 거요. 이 황니강에 도적이 있어 행상을 약탈한다는 말을 많이 들었소. 우리는 다른 건 없고 대추 일곱 수레뿐이오." 이에 양지는 "알고 보니 역시 장사하는 사람들이었구먼. 나는 또 나쁜 사람들이라고." 하고 말하고는 짐이 있는 곳으로 돌아와 사람들에게 이렇게 말했다. "난 나쁜 놈들인 줄 알았는데, 알고 보니 대추 파는 사람 몇 명이더라고. 아무 일 없는 게 좋지. 자네들 쉬게. 좀 선선해지면 가자고." 병졸들은 듣고는 모두 웃었다. 양지는 박도를 땅에 꽂고 자신도 한쪽 옆에 있는 나무 아래에 앉아 쉬었다.

얼마 안 있어 한 사내가 통 두 개를 메고 산 위로 올라왔는데, 그가 이렇게 노래를 부르는 것이 들렸다. "뙤약볕은 불타듯 이글거리고, 들판의 벼는 반쯤 말라 시들었네. 농부의 마음속은 국 끓듯 한데 공자왕손들은 부채질이나 하고 있구나." 다 부르고 나서 멜짐을 내려놓고 바닥에 앉아 더위를 식혔다. 병졸들은 그걸 보고 다가가 물었다. "당신 통 안에 있는 게 뭐요?" 그 사내가 "백주요." 하고 대답하자 병졸들은 "한 통에 얼마인데?" 하고 물었다. 사내는 "한 통에 엽전 다섯 꾸러미요." 하고 말했다.

枣子 zǎozi 대추 ┃ 一旁 yìpáng 한쪽, 옆 ┃ 挑 tiāo (멜대로) 메다 ┃ 赤日炎炎 chìrì yányán 뙤약볕이 뜨겁다 ┃ 野田 yětián 들판 ┃ 禾稻 hédào 벼 ┃ 枯焦 kūjiāo 말라 시들다 ┃ 公子王孙 gōngzǐ wángsūn 공자왕손, 왕이나 높은 지위에 있는 사람들의 자손

军汉们忙商量凑钱买酒解渴解热。杨志见了又
Jūnhànmen máng shāngliáng còuqián mǎi jiǔ jiěkě jiěrè. Yáng Zhì jiàn le yòu

骂："你们谁也不许买酒喝，只知道吃，根本不知
mà :"Nǐmen shéi yě bùxǔ mǎi jiǔ hē, zhǐ zhīdào chī, gēnběn bù zhī-

道路途艰难，有多少好汉被蒙汗药麻翻了！"
dào lù tú jiānnán, yǒuduōshǎo hǎohàn bèi ménghànyào máfān le!"

挑酒的汉子冷笑着说："你这客官好不懂事，
Tiāo jiǔ de hànzi lěngxiào zhe shuō :"Nǐ zhè kèguān hǎo bù dǒngshì,

又不是我非要卖给你，怎么能这么说！"这时，那
yòu búshì wǒ fēiyào màigěi nǐ, zěnme néng zhème shuō!" Zhèshí, nà-

边松林里卖枣的客商也过来买酒吃，那挑酒的说：
biān sōnglín lǐ mài zǎo de kèshāng yě guòlái mǎi jiǔ chī, nà tiāo jiǔ de shuō :

"不卖！不卖！"卖枣的说："你这鸟汉子也不懂
"Bú mài! Bú mài!" Mài zǎo de shuō :"Nǐ zhè diǎo hànzi yě bù dǒng-

事，我们又没说你。你到村里去卖也是挣这点钱，
shì, wǒmen yòu méi shuō nǐ. Nǐ dào cūnli qù mài yěshì zhēng zhè diǎn qián,

不如卖给我们解解暑气。"挑酒的汉子说："卖给
bùrú màigěi wǒmen jiějiě shǔqì." Tiāo jiǔ de hànzi shuō :"Màigěi

你们一桶倒没什么，只是被他们说的不好，又没有
nǐmen yì tǒng dào méi shénme, zhǐshì bèi tāmen shuō de bù hǎo, yòu méiyǒu

碗瓢舀着喝。"
wǎn piáo yǎo zhe hē."

　　군졸들은 급히 돈을 모아 술을 사서 갈증을 풀고 더위를 식히자고 상의하였다. 양지는 그걸 보고 또 욕을 했다. "너희들 누구도 술을 사 마시지 마라. 그저 먹을 줄만 알지, 갈 길이 험난한지, 얼마나 많은 호한들이 몽한약에 마비돼 쓰러졌는지는 도무지 몰라!"

　　술을 메고 온 사내는 냉소하며 말했다. "나그네 양반 정말 뭘 모르시는구먼. 내가 당신들한테 꼭 팔겠다는 것도 아닌데 어떻게 그렇게 말할 수가 있소!" 이때 저쪽 소나무 숲에 있던 대추 파는 행상들도 술을 사 마시러 왔는데, 그 술장수는 "안 팔아! 안 팔아!" 하고 말했다. "덜 떨어진 사람 같으니, 당신도 뭘 모르는구먼. 우리가 당신한테 뭐라고 한 것도 아니잖소. 당신이 마을에 가서 팔아도 역시 버는 것은 똑같을 텐데, 더위 좀 식히도록 우리에게 파는 게 좋지 않겠소." 대추장수의 말에 술장수는 이렇게 말했다. "당신들한테 한 통 파는 건 아무것도 아닌데, 단지 저 사람들한테 나쁜 소릴 들은데다, 또 떠 마실 사발이나 표주박도 없소."

凑钱 còuqián 돈을 모으다 ｜ 解渴 jiěkě 갈증을 풀다 ｜ 解热 jiěrè 열을 내리다 ｜ 不许 bùxǔ 불허하다 ｜ 路途 lùtú 길 ｜ 蒙汗药 ménghànyào 몽한약, 마취약 ｜ 麻 má 마비되다 ｜ 说 shuō 나무라다 ｜ 挣钱 zhēng qián 돈을 벌다 ｜ 暑气 shǔqì 더위 ｜ 碗 wǎn 사발 ｜ 瓢 piáo 표주박, 바가지 ｜ 舀 yǎo (국자 · 바가지 따위로) 푸다, 떠내다

卖枣的说："你也太认真，说你一句，又有什
么关系？我们这里有椰瓢。"说着从车里拿出两个
瓢，又捧出一大把枣，七个人站在桶边，轮流用瓢
舀酒喝，不一会儿，一桶酒喝光了。七个人问：
"多少钱？"那汉子回答："五贯钱一桶。"七人说：
"五贯就五贯，只是得饶我们一瓢。"那汉子不同
意。一个客人给他钱，另一个便乘机揭开另一桶的
盖子，舀了一瓢，就往林子里走。

那汉子赶紧追上去，这边一个客人拿了瓢又舀
了一瓢酒，那汉子看见，劈手夺下，往桶里一倒，
盖了桶盖，把瓢往地下一扔，嘴里说着："你们这
些人真不讲理！"

"당신도 너무 고지식하구먼. 한 마디 나무랐다고 또 무슨 상관이겠소? 우리한테 표주박이 있소." 대추장수는 그렇게 말하면서 수레에서 표주박 두 개를 꺼내고 또 대추를 양손으로 가득 담아내어, 일곱 사람이 술통 옆에 서서 돌아가며 표주박으로 술을 떠 마셨고 이윽고 술 한 통을 깡그리 마셔버렸다. 일곱 사람이 "얼마요?" 하고 묻자 그 사내는 "한 통에 다섯 꾸러미요." 하고 대답했다. 일곱 사람이 "다섯 꾸러미라면 다섯 꾸러미를 주는데, 단 우리한테 한 바가지 덤으로 줘야 돼." 하고 말했다. 그 사내는 동의하지 않았다. 한 행상이 그에게 돈을 주자 다른 한 사람이 기회를 틈타 다른 한 통의 뚜껑을 열고 한 바가지를 떠서는 숲 쪽으로 갔다.

그 사내가 재빨리 쫓아가자 이쪽에 있던 한 행상이 바가지를 들고 또 술 한 바가지를 떴다. 그 사내는 그걸 보고 날쌔게 빼앗아 통 안에 붓고는 통뚜껑을 닫고 표주박을 바닥에 던지면서 입으로 말했다. "네 이놈들 정말 제멋대로군!"

椰瓢 yēpiáo 야자열매 껍질로 만든 바가지 ｜ **一大把** yí dà bǎ (크게) 한 줌 ｜ **轮流** lúnliú 교대로 하다 ｜ **饶** ráo 덤을 주다 ｜ **客人** kèrén 행상 ｜ **乘机** chéngjī 기회를 타다 ｜ **揭开** jiēkāi 열다, 벗기다 ｜ **盖子** gàizi 뚜껑 ｜ **劈手** pīshǒu 날쌔게 ｜ **不讲理** bù jiǎnglǐ 억지를 쓰다. 이치를 따지지 않다

那边的军汉看着，心里发痒，便向杨志求情：
Nàbiān de jūnhàn kàn zhe, xīnli fāyǎng, biàn xiàng Yáng Zhì qiúqíng :

"让我们也买点酒，润润喉咙也好。真是又热又渴，
"Ràng wǒmen yě mǎi diǎn jiǔ, rùnrùn hóulóng yě hǎo. Zhēnshì yòu rè yòu kě,

没办法，这冈子上又没地方要水喝"。杨志心想：
méi bànfǎ, zhè gāngzi shang yòu méi dìfang yào shuǐ hē". Yáng Zhì xīn xiǎng :

"俺在远处望见那帮枣贩子都买他的酒吃了，另一
"Ǎn zài yuǎnchù wàngjiàn nà bāng zǎo fànzi dōu mǎi tā de jiǔ chī le, lìng yì

桶也舀了一瓢，想来没事。就让他们买碗吃吧。"
tǒng yě yǎo le yì piáo, xiǎnglái méi shì. Jiù ràng tāmen mǎi wǎn chī ba."

于是点头同意了。
Yúshì diǎntóu tóngyì le.

军汉们凑足五贯钱上前买酒。那卖酒的说：
Jūnhànmen còuzú wǔ guàn qián shàngqián mǎi jiǔ. Nà mài jiǔ de shuō :

"不卖了，不卖了，这酒里有蒙汗药。"军汉们陪着
"Bú mài le, bú mài le, zhè jiǔli yǒu ménghànyào." Jūnhànmen péi zhe

笑说："大哥还记着这话呢！"那汉子说："不卖了，
xiào shuō : "Dàgē hái jì zhe zhè huà ne!" Nà hànzi shuō : "Bú mài le,

别纠缠！"卖枣的人一旁劝说："你这鸟汉子，也
bié jiūchán!" Mài zǎo de rén yìpáng quànshuō : "Nǐ zhè diǎo hànzi, yě

太认真了，这跟他们没关系，你就卖给他们吧！"
tài rènzhēn le, zhè gēn tāmen méiguānxì, nǐ jiù màigěi tāmen ba!"

发痒 fāyǎng 근질근질하다 ┃ 求情 qiúqíng 사정하다 ┃ 润 rùn 축이다, 축축하게 하다 ┃ 喉咙
hóulóng 목구멍 ┃ 贩子 fànzi 소상인, 도부 장수 ┃ 凑足 còuzú 충분히 모으다 ┃ 陪笑 péi xiào 웃는
낯으로 대하다

저쪽에 있던 군졸들은 그걸 보면서 마음이 근질근질해져서 양지에게 사정하였다. "저희도 술 좀 사게 해 주세요. 목구멍만 좀 축여도 좋습니다. 정말 덥고 목이 말라 어쩔 수가 없습니다. 이 산 위에는 물을 구해 마실 곳도 없고요." 양지는 속으로 생각했다. '멀리서 저 대추장수들을 보니 다들 그의 술을 사서 마셨고, 다른 한 통도 한 바가지 떴으니 별일 없을 것 같다. 그냥 저들에게 사서들 마시게 하자.' 그리하여 머리를 끄덕이며 동의했다.

군졸들은 다섯 꾸러미의 돈을 모아 술을 사러 다가갔다. 그런데 그 술장수는 "안 팔아, 안 팔아. 이 술에는 몽한약이 들었어." 하고 말하는 것이었다. 군졸들은 웃으며 "형님이 아직 그 말을 기억하고 계시네!" 하고 말했다. 그 사내가 "안 팔아, 치근거리지 마!" 하고 말하자 대추장수가 옆에서 타일렀다. "당신 이 딱한 양반아, 참 고지식하기도 하지. 그건 저 사람들하고 상관없으니 그냥 저 사람들한테 팔게!"

七英雄智取生辰綱

说着把卖酒的汉子推到一边，拿来椰瓢，揭开
Shuō zhe bǎ mài jiǔ de hànzi tuīdào yìbiān, nálái yēpiáo, jiēkāi

桶盖，又送来一些红枣给他们下酒。军汉们谢了。
tǒnggài, yòu sònglái yìxiē hóngzǎo gěi tāmen xià jiǔ. Jūnhànmen xiè le.

先舀了一瓢给杨志，杨志哪里肯喝。
Xiān yǎo le yì piáo gěi Yáng Zhì, Yáng Zhì nǎlǐ kěn hē.

军汉们一拥而上，很快把酒喝光了。杨志见大
Jūnhànmen yì yōng ér shàng, hěn kuài bǎ jiǔ hēguāng le. Yáng Zhì jiàn dà-

家没事，自己实在口渴难忍，端起瓢也喝了一半。
jiā méishì, zìjǐ shízài kǒukě nán rěn, duānqǐ piáo yě hē le yíbàn.

卖酒的说："这桶酒被那客人饶一瓢吃了，少了你
Mài jiǔ de shuō : "Zhè tǒng jiǔ bèi nà kèrén ráo yì piáo chī le, shǎo le nǐ-

们一些酒，就少算你们半贯钱吧。"那汉子收了钱，
men yìxiē jiǔ, jiù shǎo suàn nǐmen bàn guàn qián ba." Nà hànzi shōu le qián,

挑了空桶，依然唱着山歌[1]，下冈子去了。
tiāo le kōngtǒng, yīrán chàng zhe shāngē, xià gāngzi qù le.

那七个卖枣的人，站在松树旁边，指着杨志这
Nà qī ge mài zǎo de rén, zhànzài sōngshù pángbiān, zhǐ zhe Yáng Zhì zhè-

边的人笑着说："倒下，倒下！"只见
biān de rén xiào zhe shuō : "Dǎoxià, dǎoxià!" Zhǐ jiàn

这十五个人头重脚轻，一个个
zhè shíwǔ ge rén tóu zhòng jiǎo qīng, yí gègè

面面相觑，都瘫倒在地。
miàn miàn xiāng qù, dōu tāndǎo zài dì.

그렇게 말하면서 술 파는 사내를 한쪽으로 밀어놓고 바가지를 가지고 와 통뚜
껑을 열고, 또 술안주 하라고 그들에게 붉은 대추를 좀 가져다주었다. 군졸들은
고맙다고 하고 먼저 한 바가지를 떠서 양지에게 주었는데, 양지가 마시려고 할 리
가 없었다.

군졸들은 우르르 몰려들어 금세 술을 다 마셔버렸다. 양지는 다들 아무 탈 없는
걸 보자 자신도 정말 참을 수 없을 만큼 목이 타, 바가지를 받쳐들고 반을 들이켰다.
술 파는 사람이 말했다. "이 술은 저 도붓장수가 한 바가지 떠 마셔서 당신들한테
술이 좀 모자르니 반 꾸러미를 깎아주겠소." 그 사내는 돈을 받고 빈통을 메고 아
까와 같이 민요를 부르며 산을 내려갔다.

그 일곱 명의 대추장수는 소나무 옆에 서서 양지 쪽 사람들을 가리키며 웃으며
말했다. "쓰러진다, 쓰러져!" 그 열다섯 사람은 머리는 무겁고 다리는 가벼워지더
니 하나하나 서로 그저 얼굴만 쳐다보며 마비되어 바닥에 쓰러졌다.

1 **山歌** : 산가. 남방의 농촌이나 산촌에서 유행하던 산과 들에서 일할 때 부르는 민
간 가곡.

一拥而上 yì yōng ér shàng 우르르 몰려들다 | **难忍** nán rěn 참기 어렵다 | **端** duān 두 손으로 받쳐
들다 | **少算** shǎo suàn 값을 깎다 | **依然** yīrán 전과 다름없다 | **头重脚轻** tóu zhòng jiǎo qīng 머
리가 무겁고 다리는 가볍다 | **面面相觑** miàn miàn xiāng qù 서로 얼굴만 쳐다볼 뿐 어찌할 바를 모르다
| **瘫** tān 움직이지 못하다, 마비되다

那七个人从松林中推出七辆车子，把车上的
Nà qī ge rén cóng sōnglín zhōng tuīchū qī liàng chēzi, bǎ chēshàng de

枣全丢在地上，将那十几担金银珠宝都装在车上，
zǎo quán diūzài dìshang, jiāng nà shíjǐ dàn jīnyín zhūbǎo dōu zhuāngzài chēshang,

盖好后直往黄泥冈下推去。
gàihǎo hòu zhí wǎng Huángnígāng xià tuīqù.

杨志心中叫苦，只是身子瘫软，挣扎着起不
Yáng Zhì xīnzhōng jiào kǔ, zhǐshì shēnzi tānruǎn, zhēngzhá zhe qǐ bu

来，也说不出话，十五个人眼睁睁看着那七个人把
lái, yě shuō bu chū huà, shíwǔ ge rén yǎnzhēngzhēng kàn zhe nà qī ge rén bǎ

金银财宝装走。
jīnyín cáibǎo zhuāng zǒu.

　　그 일곱 사람은 소나무 숲속에서 일곱 대의 수레를 밀고 나와 수레에 있던 대추를 모두 바닥에 버리고, 그 열몇 보따리의 금은보화를 몽땅 수레에 싣고 덮은 후 곧바로 황니강 아래로 밀고 갔다.

　　양지는 속으로 한탄했지만 몸에 힘이 쭉 빠져 발버둥쳐도 일어날 수 없고 말도 나오지 않았다. 열다섯 사람은 일곱 명이 금은보화를 싣고 가는 것을 빤히 바라볼 수밖에 없었다.

瘫软 tānruǎn 힘이 빠져 녹초가 된 모양　｜　**眼睁睁** yǎnzhēngzhēng 눈을 빤히 뜨고

原来这七个枣贩子不是别人，正是晁盖、吴
Yuánlái zhè qī ge zǎo fànzi búshì biérén, zhèngshì Cháo Gài、Wú

用、公孙胜、刘唐、阮家三兄弟这七人。那挑酒
Yòng, Gōngsūn Shèng、Liú Táng、Ruǎn jiā sān xiōngdì zhè qī rén. Nà tiāo jiǔ

的汉子，叫做白日鼠[1]白胜。那两桶酒挑上来时，
de hànzi, jiàozuò báirìshǔ Bái Shèng. Nà liǎng tǒng jiǔ tiāo shànglái shí,

都是好酒。七人先喝了一桶，刘唐揭开另一桶的桶
dōu shì hǎo jiǔ. Qī rén xiān hē le yì tǒng, Liú Táng jiēkāi lìng yì tǒng de tǒng

盖，又舀了半瓢喝，故意要他们看了放心。
gài, yòu yǎo le bàn piáo hē, gùyì yào tāmen kàn le fàngxīn.

之后吴用去松林里把药撒在瓢里，装作又来饶
Zhīhòu Wú Yòng qù sōnglín li bǎ yào sǎzài piáoli, zhuāngzuò yòu lái ráo

酒喝，药已经搅在酒里，假装舀半瓢喝，那白胜抢
jiǔ hē, yào yǐjing jiǎozài jiǔli, jiǎzhuāng yǎo bàn piáo hē, nà Bái Shèng qiǎng

过来，倒在桶里，这个便是计策。这计策是吴用的
guòlái, dàozài tǒngli, zhège biànshì jìcè. Zhè jìcè shì Wú Yòng de

主意，叫做"智取生辰纲"。
zhǔyì, jiàozuò "Zhì qǔ shēngchéngāng".

1 白日鼠：백일서. 송대에는 가짜 상품을 사고파는 사람을 '백일적(白日賊)'이라고
불렀는데, 쥐가 훔치는 일을 잘하므로 '백일적'을 '백일서'라고 바꿔 부르기도 했다.

撒 sǎ 흩뿌리다　┃　装作 zhuāngzuò ～한 체하다　┃　搅 jiǎo 고루 섞다　┃　假装 jiǎzhuāng 가장하다

알고 보니 이 일곱 명의 대추장수는 다른 사람이 아니라 바로 조개, 오용, 공손승, 유당과 완씨 삼형제 등 일곱 명이었다. 그 술을 메고 온 사내는 백일서 백승이라는 사람이었다. 그 술 두 통은 메고 올라올 때는 다 좋은 술이었다. 일곱 사람이 먼저 한 통을 마시고 유당이 다른 한 통의 뚜껑을 열고, 또 반 바가지를 떠 마셔 고의로 그들이 보고 안심하게 하려 했던 것이다.

그 후 오용이 소나무 숲에 가서 약을 바가지 안에 뿌리고 또 덤으로 술을 마시러 온 것처럼 꾸며 약은 이미 술 안에 섞여 있었고, 반 바가지를 떠서 마시는 체하는데 백승이 빼앗아 통 안에 부었으니 이게 바로 계책이었던 것이다. 이 계책은 오용의 생각으로, '지략으로 생신강을 탈취하다'라고 한다.

1 　본문을 읽고 다음 물음에 답하시오.

(1) 押送生辰纲的事为什么让梁中书懊恼?

　　A. 因为生辰纲太多、太重

　　B. 因为不认识路

　　C. 因为他怕半路上被劫

(2) 杨志后来为什么同意了军汉们买酒喝?

　　A. 因为自己也实在口渴难忍

　　B. 因为他看那枣贩子已喝了酒也没什么事

　　C. 因为军汉们向他求情不已

(3) 晁盖等七人打扮成枣贩子的理由是什么?

　　A. 为了抢劫金银财宝

　　B. 为了做小买卖

　　C. 因为他们怕路上被劫

2 　녹음을 듣고 빈칸에 들어갈 말을 써 넣으시오.

(1) 不久，十万贯生辰礼物准备(　　　　)，梁中书又为(　　　　)押送
生辰纲的人(　　　　)。

(2) 恩相(　　　　)，我不敢反对，只是不知怎样准备，(　　　　)动身?

(3) 杨志叩首谢恩，(　　　　)开始出发前的准备，(　　　　)又立了军
令状。

3   다음 문장을 자연스러운 우리말로 옮기시오.

(1) "相公今天身为统帅，大权在握，可知这功名富贵从何而来？"

➡

(2) 一个客人给他钱，另一个便乘机揭开另一桶的盖子，舀了一瓢，就往林子里走。

➡

4   다음 문장을 자연스러운 중국어로 옮기시오.

(1) "사람이 목석이 아니거늘 어찌 장인이 돌봐주신 은혜를 잊을 수 있겠소?"

➡

(2) 저쪽에 있던 군졸은 그걸 보면서 마음이 근질근질해져서 양지에게 사정하였다.

➡

景阳冈上武松打虎

武松别了宋江回清河去看望哥哥，这天来到
Wǔ Sōng bié le Sòng Jiāng huí Qīnghé qù kànwàng gēge, zhè tiān láidào

阳谷县地面，看看已到下午，肚子饥饿，见前面有
Yánggǔxiàn dìmiàn, kànkan yǐ dào xiàwǔ, dùzi jī'è, jiàn qiánmian yǒu

一酒店，挑着一面招旗，上写："三碗不过冈。"
yì jiǔdiàn, tiāo zhe yí miàn zhāoqí, shàng xiě : "Sān wǎn bú guò gāng."

武松进店坐下，把哨棒靠在墙角，叫道："主
Wǔ Sōng jìn diàn zuòxià, bǎ shàobàng kàozài qiángjiǎo, jiào dào : "Zhǔ-

人家，快拿酒来！"店主人把三只碗、一双筷子、
rénjiā, kuài ná jiǔ lái!" Diàn zhǔrén bǎ sān zhī wǎn、yì shuāng kuàizi、

一碟热菜，放在武松面前，而后满满倒了一碗酒。
yì dié rècài、fàngzài Wǔ Sōng miànqián, érhòu mǎnmǎn dào le yì wǎn jiǔ.

武松端起碗一饮而尽，说："这酒好有劲儿！
Wǔ Sōng duānqǐ wǎn yì yǐn ér jìn, shuō : "Zhè jiǔ hǎo yǒu jìnr!

请问有什么下酒菜？"店主说："只有熟牛肉。"武
Qǐngwèn yǒu shénme xiàjiǔcài?" Diànzhǔ shuō : "Zhǐyǒu shú niúròu." Wǔ

松说："好，切二三斤来！"
Sōng shuō : "Hǎo, qiē èrsān jīn lái!"

경양강에서 무송이 호랑이를 때려잡다

　무송은 송강과 헤어지고 형을 찾아뵈러 청하현으로 돌아가다가, 이날은 양곡현 지역에 왔는데, 이미 오후가 되고 배가 고프던 참에 앞쪽에 '세 사발이면 고개를 못 넘음'이라고 쓰여진 깃발이 걸린 술집이 하나 보였다.

　무송은 술집에 들어가 앉아 호신용 곤봉을 벽 모퉁이에 기대 놓고 "주인장, 빨리 술 가져오시오!" 하고 소리쳤다. 술집 주인은 사발 세 개와 젓가락 한 벌, 따뜻한 요리 한 접시를 무송 앞에 놓고 난 다음 술 한 사발을 가득 따랐다.

　무송은 사발을 받쳐들고 단숨에 다 마셔버리고는 말했다. "이 술 꽤 센데! 술안주로 뭐가 있소?" 주인이 "삶은 소고기밖에 없습니다." 하고 말하자 무송은 "좋소, 두어 근 썰어 오시오!" 하고 말했다.

地面 dìmiàn (행정상의) 지역, 구역 ｜ 饥饿 jīʹè 배가 고프다 ｜ 招旗 zhāoqí 옛날, 간판용 깃발 ｜ 哨棒 shàobàng 호신용 막대기 ｜ 墙角 qiángjiǎo 벽·담의 모퉁이 ｜ 热菜 rècài 익힌 요리 ｜ 一饮而尽 yì yǐn ér jìn 한 번에 다 마시다 ｜ 有劲(儿) yǒu jìnr 힘이 있다 ｜ 下酒菜 xiàjiǔcài 술안주

店家去里面切了二斤牛肉，盛在一个大盘子
Diànjiā qù lǐmian qiē le èr jīn niúròu, chéngzài yí ge dà pánzi

里，端出来放在武松面前，随即又倒了一碗酒。武
li, duān chūlái fàngzài Wǔ Sōng miànqián, suíjí yòu dào le yì wǎn jiǔ. Wǔ

松喝完店家又倒了一碗，喝了这三碗，店主便不给
Sōng hēwán diànjiā yòu dào le yì wǎn, hē le zhè sān wǎn, diànzhǔ biàn bù gěi

他倒了。武松敲着桌子问道："主人家怎么不再斟
tā dào le. Wǔ Sōng qiāo zhe zhuōzi wèn dào : "Zhǔrénjiā zěnme búzài zhēn

酒？"店主说："客官要肉可以，酒不能再添了。"
jiǔ?" Diànzhǔ shuō : "Kèguān yào ròu kěyǐ, jiǔ bùnéng zài tiān le."

武松说："奇怪，你是酒家，为何你不肯卖酒
Wǔ Sōng shuō : "Qíguài, nǐ shì jiǔjiā, wèihé nǐ bùkěn mài jiǔ

给我？"店主说："客官，你没看见，我门前招旗
gěi wǒ?" Diànzhǔ shuō : "Kèguān, nǐ méi kànjiàn, wǒ ménqián zhāoqí

上明明写着'三碗不过冈'。"武松说："怎么叫做
shang míngmíng xiě zhe 'sān wǎn bú guò gāng'." Wǔ Sōng shuō : "Zěnme jiàozuò

'三碗不过冈'？"
'sān wǎn bú guò gāng'?"

店主说："俺家的酒和陈年老酒一样，凡是来
Diànzhǔ shuō : "Ǎn jiā de jiǔ hé chénnián lǎojiǔ yíyàng, fánshì lái

我店的客人，喝了三碗便醉了，过不去前面的冈子。
wǒ diàn de kèrén, hē le sān wǎn biàn zuì le, guò bu qù qiánmian de gāngzi.

因此叫做'三碗不过冈'。"武松笑道："原来是这
Yīncǐ jiàozuò 'sān wǎn bú guò gāng'." Wǔ Sōng xiào dào : "Yuánlái shì zhè-

样，我现在已喝了三碗，为什么不醉？"
yàng, wǒ xiànzài yǐ hē le sān wǎn, wèishénme bú zuì?"

주인은 안으로 가서 소고기 두 근을 썰어 큰 접시에 담아 받쳐들고 나와 무송 앞에 놓고 곧바로 또 술 한 사발을 따랐다. 무송이 다 마시자 주인은 또 한 사발을 따랐는데, 세 사발을 마시자 주인은 그에게 더 따라주지 않았다. 무송이 탁자를 두드리며 "주인장 왜 술을 더 따르지 않소?" 하고 묻자 주인은 "손님이 고기를 달라고 하시는 건 괜찮습니다만 술은 더 이상 따라드릴 수가 없습니다." 하고 말했다.

이에 무송이 말했다. "이상하네, 당신은 술집 주인이면서 왜 내게 술을 팔려고 하지 않는 거요?" "손님, 손님은 우리집 문앞의 깃발에 '세 사발이면 고개를 넘지 못함'이라고 분명히 쓰여져 있는 것을 못 보셨군요." 주인이 말하자 무송은 "'세 사발이면 고개를 넘지 못함'이 무슨 말이오?" 하고 말했다.

주인이 말했다. "우리집 술은 오래 묵은 술과 같아서 우리집에 오시는 손님은 세 사발을 다 마시면 취해서 앞에 있는 고개를 넘지 못합니다. 그래서 '세 사발이면 고개를 넘지 못함'이라고 하는 겁니다." 무송은 웃으며 말했다. "원래 그런 것이었군. 그런데 나는 지금 이미 세 사발을 마셨는데 왜 취하질 않지?"

店家 diànjiā (여관 · 술집 · 식당의) 주인 혹은 지배인 ┃ 盛 chéng 물건을 용기에 담다 ┃ 盘子 pánzi 쟁반, 접시 ┃ 随即 suíjí 즉시 ┃ 斟 zhēn (술이나 차 등을) 따르다 ┃ 酒家 jiǔjiā 술집 주인 또는 술집 심부름꾼 ┃ 陈年 chénnián 여러 해 묵은 ┃ 冈(子) gāng(zi) (높지 않은) 산등성이, 언덕

店主说："我这酒叫做'透瓶香'，又叫做'出
Diànzhǔ shuō : "Wǒ zhè jiǔ jiàozuò 'tòu píng xiāng', yòu jiàozuò 'chū

门倒'，刚入口时，醇香味美，喝下肚去一会儿便倒。"
mén dǎo', gāng rùkǒu shí, chúnxiāng wèi měi, hēxià dù qù yíhuìr biàn dǎo."

武松说："不要胡说，我少不了你的酒钱，再
Wǔ Sōng shuō : "Búyào húshuō, wǒ shǎo bu liǎo nǐ de jiǔqián, zài

倒三碗酒来给我吃！"店主只得又给他三碗。武
dào sān wǎn jiǔ lái gěi wǒ chī!" Diànzhǔ zhǐdé yòu gěi tā sān wǎn. Wǔ

松边喝边夸酒好，还说："我喝一碗，给你一碗的
Sōng biān hē biān kuā jiǔ hǎo, hái shuō : "Wǒ hē yì wǎn, gěi nǐ yì wǎn de

酒钱，你只管斟来。"店主又给他倒了三碗，又切
jiǔqián, nǐ zhǐguǎn zhēn lái." Diànzhǔ yòu gěi tā dào le sān wǎn, yòu qiē

了二斤牛肉，武松不一会儿又吃完喝光，并喊着添
le èr jīn niúròu, Wǔ Sōng bùyíhuìr yòu chīwán hēguāng, bìng hǎn zhe tiān

酒切肉，于是店主又给他添了六碗，如此前后他共
jiǔ qiē ròu, yúshì diànzhǔ yòu gěi tā tiān le liù wǎn, rúcǐ qiánhòu tā gòng

喝了十五碗，这才拿起哨棒，站起来往外走去："你
hē le shíwǔ wǎn, zhè cái náqǐ shàobàng, zhàn qǐlái wǎng wài zǒuqù : "Nǐ

看，我没有醉！"
kàn, wǒ méiyǒu zuì!"

주인이 말했다. "저희 이 술은 '병을 뚫는 향기'라고도 부르고, '문 나서면 졸도'라고도 합니다. 막 입에 들어갈 때는 향기롭고 맛이 좋은데, 뱃속까지 들어가면 금방 쓰러지고 맙니다."

무송이 말했다. "허튼 소리 마시오. 난 당신 술값 떼먹지 않을 테니 마실 술이나 세 사발 더 따라주시오!" 주인은 할 수 없이 또 그에게 세 사발을 주었다. 무송은 마시면서 술이 좋다고 칭찬했고 또 말했다. "내가 한 사발 마실 때마다 당신에게 술 한 사발 값을 줄 터이니 마음 놓고 따르시오." 주인은 또 그에게 세 사발을 따라주었고, 소고기도 두 근 썰어주었다. 무송은 얼마 안 가 또 다 먹고 마시고는 술과 고기를 더 가져오라고 고함쳤다. 그래서 주인은 또 그에게 여섯 사발을 따라주었다. 이렇게 해서 그는 전후 합해서 모두 열다섯 사발을 마셨고, 그러고서야 곤봉을 들고 일어나 바깥으로 나갔다. "보라고, 난 안 취했어!"

入口 rùkǒu 입으로 들어가다 ❙ 醇香 chúnxiāng (냄새·맛이) 순수하고 향기롭다 ❙ 味美 wèi měi 맛이 좋다 少不了 shǎo bu liǎo 적게 하지 않다 ❙ 边…边… biān…biān… 한편으로 ~하면서 한편으로 ~하다 ❙ 夸 kuā 칭찬하다 ❙ 只管 zhǐguǎn 얼마든지, 주저하지 않고 ❙ 前后 qiánhòu 전후 합해서 ❙ 这才 zhè cái 이제야 비로소

武松走出不远，店主又叫道："客官你回来看
Wǔ Sōng zǒuchū bù yuǎn, diànzhǔ yòu jiào dào : "Kèguān nǐ huílái kàn

看这篇榜文。"武松回身问："什么榜文？"店主
kan zhè piān bǎngwén." Wǔ Sōng huíshēn wèn : "Shénme bǎngwén?" Diànzhǔ

说："最近景阳冈上有只吊睛白额大虫经常夜间
shuō : "Zuìjìn Jǐngyánggāng shang yǒu zhī diàojīng bái é dàchóng jīngcháng yèjiān

出来伤人，已经伤了二三十条大汉的性命，县里正
chūlái shāngrén, yǐjing shāng le èrsānshí tiáo dàhàn de xìngmìng, xiàn lǐ zhèng

限期让猎户捕捉。冈子路口贴着榜文，要往来的客
xiànqī ràng lièhù bǔzhuō. Gāngzi lùkǒu tiē zhe bǎngwén, yào wǎnglái de kè-

人结伙成队过冈，你一个人怎么能行，不如在我
rén jié huǒ chéng duì guò gāng, nǐ yí ge rén zěnme néng xíng, bùrú zài wǒ

这儿住一夜，等明天凑够二十人再一齐过冈。"武松
zhèr zhù yí yè, děng míngtiān còu gòu èrshí rén zài yìqí guò gāng." Wǔ Sōng

听了笑道："我就是清河县人氏，这景阳冈，我少
tīng le xiào dào : "Wǒ jiùshì Qīnghéxiàn rénshì, zhè Jǐngyánggāng, wǒ shǎo

说也过了一二十回，哪里听说过有大虫！"
shuō yě guò le yīèrshí huí, nǎlǐ tīngshuō guo yǒu dàchóng!"

说完大步流星地往前走，大约走了四五里路，
Shuōwán dà bù liú xīng de wǎng qián zǒu, dàyuē zǒu le sìwǔ lǐ lù,

来到冈子下，见一棵大树刮了皮，上写两行字："近
láidào gāngzi xià, jiàn yì kē dàshù guā le pí, shàng xiě liǎng háng zì : "Jìn

因景阳冈大虫伤人，但有过往客商，可于白天，结
yīn Jǐngyánggāng dàchóng shāngrén, dàn yǒu guòwǎng kèshāng, kě yú báitiān, jié

伙成队过冈，请勿自误。"
huǒ chéng duì guò gāng, qǐng wù zì wù."

무송이 얼마 가지 못했을 때 주인은 또 소리쳤다. "손님 돌아와서 이 방문을 좀 보시오." 무송이 몸을 돌려 물었다. "무슨 방문?" 주인이 말했다. "요즘 경양강에 눈이 치켜 올라가고 이마가 흰 호랑이가 밤중에 자주 나타나 사람을 해치는데, 벌써 장정 이삼십 명의 목숨을 빼앗았고, 현에서는 현재 기한을 정해 사냥꾼들에게 포획하게 하고 있소. 고개 입구에 방문이 붙어 있는데, 왕래하는 나그네들에게 무리를 지어 고개를 넘으라 하고 있다오. 당신 혼자 어떻게 갈 수 있단 말이오. 차라리 우리집에서 하룻밤 묵고 내일 스무 명이 다 모여지거들랑 같이 고개를 넘으시오." 무송은 듣고 웃으며 말했다. "내가 바로 청하현 사람이고 이 경양강은 적어도 스무 번은 넘어 봤는데 호랑이가 있다는 말은 들어본 적도 없소."

말을 마치고 성큼성큼 빠르게 앞으로 걸어 대략 4~5리를 가자 고개 아래에 이르렀는데, 큰 나무 한 그루에 껍질을 벗기고 그 위에 두 줄로 글자가 쓰여 있는 것이 보였다. '근래에 경양강의 호랑이가 사람을 해치니, 지나는 행상은 대낮에 무리를 지어 고개를 넘어야 하며 스스로 화를 자초하지 말 것.'

榜文 bǎngwén 방문 ┃ 回身 huíshēn 몸을 (뒤로) 돌리다 ┃ 吊睛 diàojīng 눈초리가 치켜 올라간 눈 ┃ 额 é 이마 ┃ 条 tiáo 가늘고 긴 느낌이 있는 유형·무형의 것을 세는 양사 ┃ 限期 xiànqī 기일을 정하다 ┃ 猎户 lièhù 사냥꾼 ┃ 捕捉 bǔzhuō 붙잡다 ┃ 结伙成队 jié huǒ chéng duì 무리를 짓고 대열을 이루다 ┃ 人氏 rénshì (본적·출신지를 가리킬 때의) 사람 ┃ 少说 shǎoshuō 적게 말하다 ┃ 大步流星 dà bù liú xīng 큰 걸음으로 빠르게 걷다 ┃ 刮 guā (칼날로) 깎다, 밀다 ┃ 行 háng 줄, 열 ┃ 近 jìn 최근 ┃ 但 dàn ~하기만 하면, 만약 ~라면 ┃ 可 kě 마땅히 ~해야 한다 ┃ 请勿 qǐng wù ~하지 말라 ┃ 自误 zì wù 자신을 그르치다, 스스로 일을 망치다 ┃ 施 shī 시행하다, 실시하다

武松看了，自己笑道："这是那酒家施的诡计，
Wǔ Sōng kàn le, zìjǐ xiào dào : "Zhè shì nà jiǔjiā shī de guǐjì,

吓唬那些客人，好让他们住他的店。"说完拖着哨
xiàhu nàxiē kèrén, hǎo ràng tāmen zhù tā de diàn." Shuōwán tuō zhe shào-

棒，便上了冈子。
bàng, biàn shàng le gāngzi.

武松乘着酒兴，在冈上走不到半里，见有一
Wǔ Sōng chéng zhe jiǔxìng, zài gāngshang zǒu búdào bàn lǐ, jiàn yǒu yí

座山神庙。庙门上贴着盖有阳谷县印章的榜文。
zuò shānshénmiào. Miàoménshang tiē zhe gài yǒu Yánggǔxiàn yìnzhāng de bǎngwén.

武松看了，才知真的有虎。想转身回去，又怕被店
Wǔ Sōng kàn le, cái zhī zhēnde yǒu hǔ. Xiǎng zhuǎnshēn huíqù, yòu pà bèi diàn-

家耻笑，想了一会儿自语道："怕什么，我上去看看
jiā chǐxiào, xiǎng le yíhuìr zìyǔ dào : "Pà shénme, wǒ shàngqù kànkan

会怎样？"
huì zěnyàng?"

武松正走着，酒劲涌了上来，回头看太阳，已
Wǔ Sōng zhèng zǒu zhe, jiǔjìn yǒng le shànglái, huítóu kàn tàiyáng, yǐ

渐渐西沉。他边走边自语："哪里有什么大虫？都
jiànjiàn xī chén. Tā biān zǒu biān zìyǔ : "Nǎlǐ yǒu shénme dàchóng? Dōu

是自己吓自己。"说完继续往前走，酒力发作，只觉
shì zìjǐ xià zìjǐ." Shuōwán jìxù wǎng qián zǒu, jiǔlì fāzuò, zhǐ jué

浑身躁热，便将衣扣解开，踉踉跄跄直奔树林，见
húnshēn zào rè, biàn jiāng yīkòu jiěkāi, liàngliàngqiāngqiāng zhí bèn shùlín, jiàn

一块光溜溜的大青石，便把哨棒倚在石旁，倒身
yí kuài guāngliūliū de dà qīngshí, biàn bǎ shàobàng yǐ zài shí páng, dǎo shēn

便睡。
biàn shuì.

무송은 보고서 혼자 웃으며 말했다. "이건 그 술집 주인이 쓴 계략이고 나그네들을 겁주어서 자기네 가게에서 묵게 하려는 게야." 말을 마치고는 곤봉을 끌고 곧 고개를 올라갔다.

무송이 술 기분을 틈타 고개 위를 걷는데, 반리도 못가서 산신묘 한 채가 있는 것을 보았다. 묘문 위에는 양곡현의 도장이 찍힌 방문이 붙어 있었다. 무송은 보고 나서 비로소 정말로 호랑이가 있다는 것을 알게 되었다. 되돌아가고 싶었지만 술집 주인에게 멸시와 비웃음을 당할까 두려워 잠시 생각하더니 혼잣말을 했다. "뭐가 무서워. 내가 한번 올라가 본다고 어떻게야 되겠어!"

무송이 걷고 있는데 술기운이 받쳐 올라왔고 고개를 돌려 해를 보니 이미 서쪽으로 뉘엿뉘엿 지고 있었다. 그는 걸으면서 혼잣말을 했다. "어디에 무슨 호랑이가 있어? 다 스스로 겁을 먹어서 그런 거지." 말을 마치고 계속해서 앞으로 걷는데, 술기운이 올라와서 온몸에 열이 나 옷깃을 풀었다. 비틀비틀하며 곧장 숲쪽으로 갔는데, 반질반질한 크고 푸른 바위 하나를 보고는 곤봉을 바위 옆에 기대 놓고 드러누워 잠을 잤다.

诡计 guǐjì 모략 | 吓唬 xiàhu 깜짝 놀라게 하다, 위협하다 | 好 hǎo ~할 수 있도록, ~하게끔 | 乘 chéng (기회 따위를) 이용하다 | 酒兴 jiǔxìng 주흥 | 山神庙 shānshénmiào 산신당 | 盖 gài 도장을 찍다 | 印章 yìnzhāng 도장 | 耻笑 chǐxiào 멸시와 조소를 하다 | 自语 zìyǔ 혼잣말을 하다 | 酒劲 jiǔjìn 술기운 | 涌 yǒng (물이 솟아나오듯) 솟아오르다, 한꺼번에 나오다 | 酒力 jiǔlì 술이 사람을 취하게 하는 힘 | 发作 fāzuò 발작하다 | 浑身 húnshēn 온몸 | 燥热 zào rè 몸에 열기가 나다 | 衣扣 yīkòu 옷 단추 | 解开 jiěkāi (끈·단추·매듭 등을) 풀다 | 踉跄 liàngqiàng 비틀거리며 걷는 모양 | 光溜溜 guāngliūliū 매끈매끈한 모양 | 青石 qīngshí 푸른 빛깔을 띤 응회암 (凝灰岩)

突然刮起一阵狂风，只听树丛背后扑地一声
Tūrán guāqǐ yízhèn kuángfēng, zhǐ tīng shùcóng bèihòu pūde yì shēng

响，跳出一只吊睛白额大虫来。武松惊叫一声从
xiǎng, tiàochū yì zhī diàojīng bái é dàchóng lái. Wǔ Sōng jīngjiào yì shēng cóng

青石上翻了下来，拿起哨棒，闪在一边。
qīngshí shang fān le xiàlái, náqǐ shàobàng, shǎnzài yìbiān.

那大虫又饿又渴，把两只前爪在地上按了按，
Nà dàchóng yòu è yòu kě, bǎ liǎng zhī qián zhuǎzài dìshang àn le àn,

往上一扑，从半空中蹿了下来。武松受惊，酒都化
wǎng shàng yì pū, cóng bànkōng zhōng cuān le xiàlái. Wǔ Sōng shòujīng, jiǔ dōu huà-

作冷汗出了。说时迟，那时快，武松见大虫扑来，
zuò lěnghàn chū le. Shuō shí chí, nàshí kuài, Wǔ Sōng jiàn dàchóng pūlái,

轻轻一闪，便闪在大虫背后。大虫在背后看人最
qīngqīng yì shǎn, biàn shǎnzài dàchóng bèihòu. Dàchóng zài bèihòu kàn rén zuì

难，便把前爪搭在地上，把腰胯一掀，掀起老高。
nán, biàn bǎ qián zhuǎ dāzài dìshang, bǎ yāokuà yì xiān, xiānqǐ lǎogāo.

갑자기 일진광풍이 불더니 나무숲 뒤쪽에서 털썩 하는 소리가 들리고는, 눈이 치켜 올라가고 이마가 흰 호랑이가 한 마리 뛰쳐나왔다. 무송은 놀라 소리치며 바위에서 굴러서 내려왔고, 곤봉을 들고 한쪽으로 재빨리 피했다.

그 호랑이는 굶주리고 목이 말라 두 앞발로 바닥을 구르더니 위로 솟구쳐 공중에서 내려덮쳤다. 무송은 기겁하여 술조차 식은땀이 되어 나왔다. 말로 하면 느리지만 그때는 빨랐으니, 무송은 호랑이가 달려드는 것을 보고는 가볍게 슬쩍 피해 호랑이 등 뒤로 숨었다. 호랑이는 등 뒤로 사람을 보는 것이 가장 어려워, 앞발을 바닥에 짚더니 허리를 힘있게 들어올려 아주 높게 쳐들었다.

狂风 kuángfēng 광풍, 미친 듯이 사납게 부는 바람 ┃ 树丛 shùcóng 나무숲 ┃ 扑地 pūde 턱, 툭, 털썩 [부딪치거나 떨어지는 소리] ┃ 闪 shǎn 재빨리 피하다 ┃ 爪 zhuǎ 짐승의 발(톱) ┃ 扑 pū 뛰어들다, 달려들다 ┃ 半空中 bànkōngzhōng 공중 ┃ 蹿 cuān (훌쩍) 뛰어오르다, 덮치다 ┃ 受惊 shòujīng 놀라다 ┃ 化 huà 변하다 ┃ 冷汗 lěnghàn 식은땀 ┃ 搭 dā 짚다, 기대다, 누르다 ┃ 腰胯 yāokuà 요골(腰骨) ┃ 掀 xiān 힘있게 들어 올리다 老高 lǎogāo 매우 높다

武松往旁边一躲，大虫没有掀着，大吼一声，
Wǔ Sōng wǎng pángbiān yì duǒ, dàchóng méiyǒu xiānzháo, dà hǒu yì shēng,

把铁棒似的虎尾竖起来一剪，武松又闪在一边。原
bǎ tiěbàng shìde hǔ wěi shù qǐlái yì jiǎn, Wǔ Sōng yòu shǎnzài yìbiān. Yuán

来那大虫扑人，只是一扑、一掀、一剪，这三招落
lái nà dàchóng pū rén, zhǐshì yì pū、yì xiān、yì jiǎn, zhè sān zhāo luò-

空，气性先没了一半。那大虫剪不着，又吼了一声，
kōng, qìxìng xiān méi le yíbàn. Nà dàchóng jiǎn bu zháo, yòu hǒu le yì shēng,

翻过身来。武松双手抡起哨棒，使出平生的力气，
fānguò shēn lái. Wǔ Sōng shuāngshǒu lūnqǐ shàobàng, shǐchū píngshēng de lìqi,

一棒从半空劈下来。只听得一声响，却将那树连枝
yí bàng cóng bànkōng pī xiàlái. Zhǐ tīng de yì shēng xiǎng, què jiāng nà shù lián zhī

带叶一齐打下来，没有打着大虫：原来打得太急了，
dài yè yìqí dǎ xiàlái, méiyǒu dǎzháo dàchóng : Yuánlái dǎ de tài jí le,

正打在枯树上，把那哨棒打成两截，只拿着一半在
zhèng dǎzài kūshù shang, bǎ nà shàobàng dǎchéng liǎng jié, zhǐ ná zhe yíbàn zài

手里。
shǒuli.

那大虫咆哮着，翻身又一扑。武松一跳，退了
Nà dàchóng páoxiào zhe, fānshēn yòu yì pū. Wǔ Sōng yí tiào, tuì le

十步远。大虫正好把两只前爪搭在武松面前。
shí bù yuǎn. Dàchóng zhènghǎo bǎ liǎng zhī qián zhuǎ dāzài Wǔ Sōng miànqián.

大吼一声 dà hǒu yì shēng 대갈일성하다 ｜ 铁棒 tiěbàng 쇠몽둥이 ｜ 竖 shù 곧추세우다 ｜ 剪 jiǎn
(꼬리 따위로) 휘두르다 ｜ 扑 pū 때려잡다 ｜ 招 zhāo 수단, 계책 ｜ 气性 qìxìng 성질 ｜ 翻身 fān
shēn 몸을 돌리다, 엎치락뒤치락하다 ｜ 使出 shǐchū 발휘하다, 쓰다 ｜ 枯树 kūshù 고목 ｜ 截 jié 토막,
마디, 일부분 ｜ 咆哮 páoxiào 포효하다

무송은 옆으로 얼른 피했고, 호랑이는 차지 못하자 크게 한 번 울부짖으며 쇠몽둥이 같은 꼬리를 곧추세워 옆으로 휘둘러 내리쳤는데, 무송은 또 날쌔게 한쪽으로 피했다. 알고 보니 그 호랑이는 사람을 잡을 때 그저 한 번 덮쳤다가, 한 번 뒷발질하고, 한 번 내리치는 것 뿐이라, 이 세 기술이 실패하면 성질이 우선 반은 죽게 된다. 호랑이는 내리쳐서 맞추지 못하자 또 한 번 울부짖으며 한 바퀴 몸을 굴렀다. 무송은 양손으로 곤봉을 휘두르며 젖먹던 힘까지 다해 공중에서 한 방 내리쳤다. 그런데 빠지직 하는 소리가 들리고는 나무가 가지며 잎이며 죄다 떨어졌으나 호랑이는 맞추지 못했다. 알고 보니 너무 급하게 쳐서 고목을 정통으로 때렸던 것이었고, 그 곤봉은 두 동강이 나 손에는 반쪽만 들려 있었다.

그 호랑이는 포효하면서 몸을 뒤집어 또 한 번 달려들었다. 무송은 펄쩍 뛰어 열 걸음을 물러났다. 호랑이의 두 앞발은 바로 무송 앞까지 닿았다.

他把半截哨棒丢在一边，就势把大虫头顶皮毛
Tā bǎ bàn jié shàobàng diūzài yìbiān, jiùshì bǎ dàchóng tóudǐng pímáo

紧紧揪住，一把按了下来。那大虫急着挣扎，被武
jǐnjǐn jiūzhù, yì bǎ àn le xiàlái. Nà dàchóng jí zhe zhēngzhá, bèi Wǔ

松死死按住，然后用脚朝大虫面门上、眼睛里，一
Sōng sǐsǐ ànzhù, ránhòu yòng jiǎo cháo dàchóng miànmén shàng、yǎnjing li, yí

个劲儿地踢。大虫咆哮起来，把身底下扒起两堆黄
ge jìnr de tī. Dàchóng páoxiào qǐlái, bǎ shēn dǐxià bāqǐ liǎng duī huáng-

泥，形成一个土坑，武松把大虫的嘴直按到黄泥坑
ní, xíngchéng yí ge tǔkēng, Wǔ Sōng bǎ dàchóng de zuǐ zhí àndào huángní kēng-

里去，大虫便没有了气力。
li qù, dàchóng biàn méiyǒu le qìlì.

그는 반 토막 난 곤봉을 한쪽으로 던져버리고는 그 기세를 이용해 호랑이 머리
의 털가죽을 꽉 잡고 내리눌렀다. 그 호랑이는 다급해서 발버둥을 쳤는데, 무송은
필사적으로 눌러 잡은 다음 발로 호랑이의 얼굴과 눈을 연달아 걷어찼다. 호랑이
는 포효하면서 발버둥치다 몸 아래로 황토 진흙 두 더미를 긁어내 구덩이를 만들
어냈고, 무송이 호랑이의 주둥이를 그대로 진흙 구덩이 속으로 눌러 넣자 호랑이
는 곧 힘이 빠졌다.

就势 jiùshì 동작의 순간이나 기세를 타다〔이용하다〕 ｜ **皮毛** pímáo 모피 ｜ **把** bǎ 손동작에 쓰는 양
사 ｜ **死死** sǐsǐ 필사적이다 ｜ **面门** miànmén 얼굴 ｜ **身底下** shēn dǐxià 몸 아래 ｜ **扒** bā 파다,
긁어내다, 헤치다 ｜ **黄泥** huángní 황토 진흙 ｜ **气力** qìlì 힘

武松用左手紧紧揪住大虫的顶花皮，右手攥
成铁锤般的拳头，用力狠狠地打，打了六七十拳，
大虫眼里、嘴里、鼻子里、耳朵里，都流出血来。
武松凭借平日神威，仗着身上武艺，不一会儿就把
大虫打得趴下不动了。武松放了手，到松树边找回
那打折的哨棒，又打了一阵，直到大虫完全断气为
止。武松想把大虫拖下山冈，就从血泊中拉那死虎，
由于力气全都使尽，没有拉动。武松心想："天黑了，
如果再跳出一只大虫怎么办？"于是赶紧离开，一步
步走下冈来。

走不到半里路，只见枯草丛中又钻出两只大
虫，武松"哎呀"叫了一声，心想："这回我可完了。"

무송은 왼손으로 호랑이의 머릿가죽을 꽉 잡고 오른손으로는 쇠망치 같은 주먹을 쥐고 힘껏 매섭게 때렸고, 6~70대를 때리자 호랑이의 눈이며 입, 코, 귀에서 전부 피가 흘러나왔다. 무송이 평소의 괴력과 몸의 무예에 의지해 호랑이를 때리자, 얼마 안 가 호랑이는 고꾸라져 움직이지 못했다. 무송은 손을 놓고 소나무 옆으로 가서 그 부러진 곤봉을 되찾아, 호랑이의 숨이 완전히 끊어질 때까지 또 한바탕 때렸다. 무송은 호랑이를 끌고 산을 내려가고 싶어 피바다 속에서 그 죽은 호랑이를 잡아당겼으나 힘을 다 소진했기에 끌 수가 없었다. 무송은 속으로 생각했다. '날이 어두워졌는데 만약 또 호랑이가 튀어나오면 어쩌지?' 그래서 재빨리 자리를 벗어나 한 걸음 한 걸음 고개를 걸어 내려왔다.

반 리도 못 가서, 또 호랑이 두 마리가 마른 풀숲 사이를 헤치고 나오는 것이 보였다. 무송은 "아아" 하고 소리를 지르며 속으로 '이번에 나는 끝장이구나.' 하고 생각했다.

顶花皮 dǐng huāpí 동물 머리 위의 무늬가 있는 모피 | 攥 zuàn 쥐다 | 铁锤 tiěchuí 쇠망치 | 狠狠地 hěnhěn de 잔인하게 | 凭借 píngjiè ~에 의지하다, ~을 믿다 | 神威 shénwēi 신과 같은 위력 | 仗 zhàng 의지하다, 믿다 | 趴下 pāxià 엎드리다 | 断气 duànqì 숨이 끊어지다 | 为止 wéizhǐ ~을 끝으로 하다, ~까지 하(고 끝내)다 | 血泊 xuèpō 피바다 | 钻 zuān 뚫고 지나가다

忽见那两只大虫在黑影里站了起来，仔细一看，
Hū jiàn nà liǎng zhī dàchóng zài hēiyǐngli zhàn le qǐlái, zǐxì yí kàn,

原来是两个人，身上穿着虎皮缝制的衣服。那两人
yuánlái shì liǎng ge rén, shēnshang chuān zhe hǔpí féngzhì de yīfu. Nà liǎng rén

手里各拿着一条五股叉，见了武松吃惊地问："你
shǒuli gè ná zhe yì tiáo wǔ gǔ chā, jiàn le Wǔ Sōng chījīng de wèn : "Nǐ

这人吃了熊心豹子胆，怎么敢独自一人不带器械，
zhè rén chī le xióng xīn bàozi dǎn, zěnme gǎn dúzì yì rén bú dài qìxiè,

在这黑夜走过冈子来？你到底是人还是鬼？"武松
zài zhè hēiyè zǒuguò gāngzi lái? Nǐ dàodǐ shì rén huáshì guǐ?" Wǔ Sōng

问："你们是什么人？"一个说："我们是本地猎
wèn : "Nǐmen shì shénme rén?" Yí ge shuō : "Wǒmen shì běndì lie-

户。"武松说："你们上冈来做什么？"
hù." Wǔ Sōng shuō : "Nǐmen shàng gāng lái zuò shénme?"

两个猎户惊讶地说："你还不知道？如今景阳
Liǎng ge lièhù jīngyà de shuō : "Nǐ hái bù zhīdào? Rújīn Jǐngyáng-

冈上有一只大虫，夜夜出来伤人，光猎户就被它吃
gāng shang yǒu yì zhī dàchóng, yèyè chūlái shāngrén, guāng lièhù jiù bèi tā chī

了七八个，过往的客人被这畜生吃的也不计其数，
le qībā ge, guòwǎng de kèrén bèi zhè chùsheng chī de yě bú jì qí shù,

县官多次督促我们猎户捕捉，那畜生十分凶暴，我
xiànguān duō cì dūcù wǒmen lièhù bǔzhuō, nà chùsheng shífēn xiōngbào, wǒ-

们实在难以捉到它。今天我们十几个人设了陷阱埋
men shízài nányǐ zhuōdào tā. Jīntiān wǒmen shíjǐ ge rén shè le xiànjǐng mái-

伏在这里。你从冈子上下来，看见大虫了吗？"
fú zài zhèlǐ. Nǐ cóng gāngzi shang xiàlái, kànjiàn dàchóng le ma?"

　그런데 갑자기 그 호랑이 두 마리가 어둠 속에서 일어서는데, 자세히 보니 두 명의 사람이었고 몸에 호랑이 가죽으로 만든 옷을 입고 있는 것이었다. 그 두 사람은 손에 각기 쇠스랑 한 자루씩을 들고 있었는데, 무송을 보고는 놀라며 물었다. "당신 곰 염통에 표범 쓸개를 먹었소? 어찌 감히 혼자서 무기도 안 가지고 이 어두운 밤에 고개를 넘어오시오? 당신 대체 사람이요 귀신이요?" 무송이 "당신들은 뭐 하는 사람들이오?" 하고 묻자 한 사람이 말했다. "우리는 이 고장의 사냥꾼이오." 무송이 말했다. "당신들 산에 올라와서 뭘 하는 거요?"

　두 사냥꾼은 놀라며 말했다. "당신 아직 모르시오? 요즘 경양강에 호랑이 한 마리가 밤마다 나와 사람을 해치는데, 사냥꾼만 해도 그놈에게 일고여덟 명은 잡아먹혔고, 지나는 나그네는 그 짐승에게 잡아먹힌 것이 부지기수요. 현령께서 우리 사냥꾼들에게 포획하도록 여러 차례 독촉하셨는데, 그 짐승이 아주 감사나워 우리도 그놈을 잡기가 정말 힘들다오. 오늘 우리 십여 명이 함정을 설치하고 여기서 매복하고 있는 거요. 당신 산위에서 내려오면서 호랑이를 보았소?"

縫制 féngzhì (옷·이불 등을) 만들다 ｜ 五股叉 wǔ gǔ chā 오지창 ｜ 熊心 xióng xīn 곰 심장 ｜ 豹子胆 bàozi dǎn 표범 쓸개 ｜ 独自一人 dúzì yì rén 혼자 ｜ 器械 qìxiè 무기 ｜ 畜生 chùsheng 짐승 ｜ 不计其数 bú jì qí shù 부지기수다 ｜ 督促 dūcù 독촉하다 ｜ 凶暴 xiōngbào 흉포하다 ｜ 陷阱 xiànjǐng 함정 ｜ 埋伏 máifú 매복(하다)

武松说："我刚才在冈子上，正碰上那大虫，
Wǔ Sōng shuō : "Wǒ gāngcái zài gāngzi shang, zhèng pèngshàng nà dàchóng,

被我一顿拳脚打死了。"两个猎户半信半疑。武松
bèi wǒ yídùn quánjiǎo dǎsǐ le." Liǎng ge lièhù bàn xìn bàn yí. Wǔ Sōng

说："你不信，看我这身血迹。"两人问："你怎么打
shuō : "Nǐ bú xìn, kàn wǒ zhè shēn xuèjì." Liǎng rén wèn : "Nǐ zěnme dǎ

的？"武松便把经过说了一遍。众人点起火把，随
de?" Wǔ Sōng biàn bǎ jīngguò shuō le yí biàn. Zhòngrén diǎnqǐ huǒbǎ, suí

武松上了冈子，发现大虫果真死在那里，不禁大喜，
Wǔ Sōng shàng le gāngzi, fāxiàn dàchóng guǒzhēn sǐzài nàli, bùjīn dàxǐ,

一面派人去报告县官[1]，一面把大虫抬下冈子。
yímiàn pàirén qù bàogào xiànguān, yímiàn bǎ dàchóng táixià gāngzi.

武松歇了一夜，第二天，县官派人来接武松。
Wǔ Sōng xiē le yí yè, dì èr tiān, xiànguān pàirén lái jiē Wǔ Sōng.

用一顶凉轿抬着武松，把那大虫扛在前面。
Yòng yì dǐng liángjiào tái zhe Wǔ Sōng, bǎ nà dàchóng káng zài qiánmian.

1 **县官**：현관. 옛날, 현지사.

碰上 pèngshàng 우연히 만나다 ┃ 拳脚 quánjiǎo 주먹질과 발길질 ┃ 半信半疑 bàn xìn bàn yí 반신반
의하다 ┃ 血迹 xuèjì 핏자국 ┃ 点 diǎn 불을 붙이다 ┃ 果真 guǒzhēn 과연 ┃ 不禁 bùjīn 금치 못
하다 ┃ 大喜 dàxǐ 대단히 기쁘다 ┃ 抬 tái 맞들다. 함께 들다 ┃ 凉轿 liángjiào 옛날, 주로 관원이 타
던 가마의 일종

무송이 말했다. "내가 방금 산위에서 마침 그 호랑이와 맞닥뜨렸는데, 내 주먹과 발에 한바탕 얻어맞고 죽었소." 두 사냥꾼은 반신반의했다. 무송이 "당신들 못 믿겠거든 내 이 온몸의 핏자국을 보시오." 하고 말하자 두 사람이 물었다. "당신이 어떻게 때렸는데?" 무송은 곧 그 과정을 말해주었다. 사람들은 횃불을 켜고 무송을 따라 산에 올라갔고, 호랑이가 과연 정말로 그곳에 죽어 있는 것을 발견하고는 기쁨을 금치 못하며, 한편으로 사람을 보내 현령께 보고케하고 다른 한편으로 호랑이를 맞들고 산을 내려갔다.

무송이 하룻밤을 쉬고, 다음날 현령이 사람을 보내와 무송을 맞이하였다. 가마 한 대에 무송을 태우고 호랑이는 앞에서 짊어졌다.

阳谷县百姓听说一个壮士打死了景阳冈上的
Yánggǔ xiàn bǎixìng tīngshuō yí ge zhuàngshì dǎsǐ le Jǐngyánggāng shang de

大虫，都来县衙门口观看。知县看了武松威风凛凛
dàchóng, dōu lái xiànyá ménkǒu guānkàn. Zhīxiàn kàn le Wǔ Sōng wēi fēng lǐn lǐn

的模样，又看看那只锦毛大虫，心里十分敬佩，亲
de múyàng, yòu kànkan nà zhī jǐn máo dàchóng, xīnli shífēn jìngpèi, qīn-

自赏他三杯酒，又赏他一千贯银子，武松当即把赏
zì shǎng tā sānbēi jiǔ, yòu shǎng tā yìqiān guàn yínzi, Wǔ Sōng dāngjí bǎ shǎng

钱分给众猎户。知县见他为人忠厚，便委任他做了
qián fēngěi zhòng lièhù. Zhīxiàn jiàn tā wéirén zhōnghòu, biàn wěirèn tā zuò le

县都头 [1]，从此打虎英雄武松远近闻名。
xiàn dūtóu, cóngcǐ dǎ hǔ yīngxióng Wǔ Sōng yuǎnjìn wénmíng.

양곡현 백성들은 한 장사가 경양강의 호랑이를 때려죽였다는 말을 듣고 모두 현아문 입구에 와서 구경하였다. 현령은 무송의 위풍당당한 모습을 보고, 또 그 화려한 털가죽의 호랑이를 보고는 마음속으로 매우 탄복하여 친히 그에게 술 석 잔을 상으로 내리고, 또 그에게 천 꾸러미의 은자를 상으로 주었다. 무송은 즉시 상금을 여러 사냥꾼들에게 나누어주었다. 현령은 그의 사람됨이 충후함을 보고는 그에게 현의 도두를 하도록 맡겼고, 이로부터 호랑이를 때려잡은 영웅 무송은 널리 이름을 날렸다.

---

1 **都头** : 도두. 옛날, 현에서 범죄자 체포를 전담하는 두목.

威风凛凛 wēi fēng lǐn lǐn 위풍당당하다 **|** **锦** jǐn 화려하다, 아름답다 **|** **当即** dāngjí 즉시 **|** **为人** wéirén 사람 됨됨이 **|** **忠厚** zhōnghòu 충후하다, 충직하고 온순하며 인정이 두텁다 **|** **委任** wěirèn 위임하다 **|** **远近** yuǎnjìn 먼 곳과 가까운 곳

1　본문을 읽고 다음 물음에 답하시오.

(1) "三碗不过冈" 的意思是——

    A. 喝了三碗酒才能过冈

    B. 喝了三碗酒不能过冈

    C. 带着三瓶酒不能过冈

(2) 招旗是什么?

    A. 军用旗帜

    B. 装饰用旗帜

    C. 招牌用旗帜

(3) 店主不让武松走的理由是——

    A. 因为他担心武松被老虎伤害

    B. 因为武松少了他的酒钱

    C. 为了让武松住他的店

2　녹음을 듣고 빈칸에 들어갈 말을 써 넣으시오.

(1) 武松正走着，酒劲（　　）了上来，回头看太阳，已渐渐（　　　　）。

(2) 武松（　　　）平日神威，（　　　）身上武艺，不一会儿就把大虫打得（　　　）不动了。

(3) 知县看了武松（　　　　）的模样，又看看那只锦毛大虫，心里十分（　　　）。

3 다음 문장을 자연스러운 우리말로 옮기시오.

(1) "我这酒叫做'透瓶香', 又叫做'出门倒', 刚入口时, 醇香味美,
喝下肚去一会儿便倒。"

➡

(2) 原来那大虫扑人, 只是一扑、一掀、一剪, 这三招落空, 气性先
没了一半。

➡

4 다음 문장을 자연스러운 중국어로 옮기시오.

(1) "허튼 소리 마시오. 난 당신 술값 떼먹지 않을 테니."

➡

(2) 그는 기겁하여 술조차 식은땀이 되어 나왔다.

➡

小李广梁山显神箭

宋江背着包裹，来到清风镇，逢人便打听花
Sòng Jiāng bēi zhe bāoguǒ, láidào Qīngfēngzhèn, féng rén biàn dǎtīng Huā

荣的住处。镇上人告诉他，清风寨[1]衙门就在镇中
Róng de zhùchù. Zhènshang rén gàosu tā, Qīngfēngzhài yámén jiù zài zhèn zhōng-

间，南边有个小寨，是文官刘知寨[2]的住宅；北边
jiān, nánbiān yǒu ge xiǎozhài, shì wénguān Liú zhīzhài de zhùzhái ; Běibiān

那个小寨，就是武官花知寨的住宅。
nàge xiǎozhài, jiùshì wǔguān Huā zhīzhài de zhùzhái.

小李广[3]花荣见了宋江忙让到正厅，给他
Xiǎo Lǐ Guǎng Huā Róng jiàn le Sòng Jiāng máng ràng dào zhèngtīng, gěi tā

磕头，宋江忙将他搀起。花荣说："自从与兄长分
kētóu, Sòng Jiāng máng jiāng tā chānqǐ. Huā Róng shuō : "Zìcóng yǔ xiōngzhǎng fēn

别，转眼已五六年了，时常想念，曾写十多封书信，
bié, zhuǎnyǎn yǐ wǔliù nián le, shícháng xiǎngniàn, céng xiě shí duō fēng shūxìn,

不知收到没有？"宋江便把杀阎婆惜[4]，投奔柴进，
bù zhī shōudào méiyǒu?" Sòng Jiāng biàn bǎ shā Yán Póxī, tóubèn Chái Jìn,

在孔太公庄上遇见武松，清风山上被捉等事细细
zài Kǒng tàigōng zhuāng shang yùjiàn Wǔ Sōng, Qīngfēngshān shang bèi zhuō děng shì xìxì

说了一遍。
shuō le yí biàn.

작은 이광이 양산에서 귀신같은 활솜씨를 보이다

송강은 보따리를 등에 지고 청풍진에 와서 사람을 마주칠 때마다 화영이 사는 곳을 물었다. 고을 사람들은 그에게 청풍채 아문이 고을 가운데 있고 남쪽에 소채가 하나 있는데 문관 유지채의 거택이며, 북쪽에 있는 소채가 바로 무관 화지채의 거택이라고 알려주었다.

작은 이광 화영은 송강을 보고 급히 안당으로 모시고 그에게 절을 올렸다. 송강은 얼른 부축해 일으켰다. 화영은 이렇게 말했다. "형님과 헤어진 후로 눈 깜짝할 새에 벌써 오륙 년이 흘렀습니다. 늘 그리워하며 편지를 십여 통 썼는데 받으셨는지 모르겠습니다." 송강은 염파석을 죽이고 시진에게 몸을 의탁하고 있다가 공태공의 장원에서 무송을 만나고 청풍산에서 잡힌 일 등을 자세하게 말해주었다.

1 **寨** : 채. 송대 현급(縣級) 행정구역의 하나.

2 **知寨** : 지채. 채를 관리하는 행정 장관.

3 **李广** : 이광. 한대(漢代)의 명장. 전설에 따르면 이광이 야간 행군 중에 호랑이가 있는 것을 보고 활로 쏘았는데, 다음날 보니 원래 호랑이가 아니라 큰 바위였고 그 쏜 화살은 바위 속에 깊이 박혀 있었다고 한다.

4 **阎婆惜** : 염파석. 원래 송강의 첩이었으나 송강이 양산박의 도적들로부터 금과 편지를 받은 것을 알고 관아에 알리겠다고 송강을 협박하다가 결국 송강에게 죽임을 당하는 인물이다.

神箭 shénjiàn 귀신같은 활솜씨 ｜ **逢** féng 만나다, 마주치다 ｜ **住宅** zhùzhái (규모가 비교적 큰) 주택 ｜ **磕头** kētóu (이마를 땅에 조아리며) 절하다 ｜ **搀起** chānqǐ 부축하여 일으키다 ｜ **兄长** xiōngzhǎng 형, (남자) 선배나 친구에 대한 높임말 ｜ **分别** fēnbié 헤어지다 ｜ **转眼** zhuǎnyǎn 눈 깜짝할 사이 ｜ **时常** shícháng 늘 ｜ **想念** xiǎngniàn 그리워하다 ｜ **细细** xìxì 자세하다

花荣听完说：“兄长如此多磨难，现如今先在
我这里住下，再想办法。”立即安排酒宴为宋江
洗尘。席间宋江把前几天在清风山救了刘知寨夫人一
事告诉花荣。花荣听后皱眉说：“兄长救那妇人
干什么？”宋江说：“这倒怪了，我以为刘知寨和
兄弟是同僚，所以才救她，兄弟怎么这样说话？”

花荣说：“兄长不知，这清风寨是青州的一
个要塞，如果小弟独自在这里把守，远近强人没有
敢捣乱的。最近刘高来做正知寨，他是文官，没啥
本事，他的婆娘又非常不贤惠，只知道挑拨他丈夫
干坏事，贪图贿赂，残害良民。兄长错救了这样一
个坏人。”宋江劝说：“算了，自古冤家可解不可
结。”花荣点头称是。

화영은 듣고 나서 말했다. "형님께서 그렇게 고생을 많이 하셨으니 지금은 우선 저희 집에서 머무시면서 다시 방법을 강구하시지요." 그리고는 곧 주연을 준비해 송강을 환영하였다. 술자리에서 송강은 며칠 전 청풍산에서 유지채의 부인을 구한 일을 화영에게 말해주었다. 화영은 듣고 나서 눈살을 찌푸리며 말했다. "형님 뭣 하러 그 부인을 구하셨습니까?" 송강이 말했다. "그거 참 이상하네. 나는 유지채와 아우가 동료라고 생각했고, 그래서 그녀를 구한 것인데 아우는 어째서 그렇게 말을 하는가?"

화영이 말했다. "형님은 모르십니다. 이 청풍채는 청주의 요새 중 하나인데 만약 제가 혼자서 여기를 지키면, 이 주위의 힘센 놈들 중에 감히 소란을 피우는 자가 없을 겁니다. 그런데 최근에 유고가 와서 정지채를 맡았는데 그는 문관이라 아무런 능력이 없고, 그의 아내는 또 품성이 아주 나빠서 남편에게 나쁜 짓을 하도록 충동질하고 뇌물을 탐하고 양민들을 해치는 것밖에 모릅니다. 형님은 이렇게 나쁜 사람을 잘못 구하신 겁니다." 송강은 "됐네. 자고로 원수는 풀어야지 맺어서는 안 되는 법이네" 하고 타일렀고, 화영은 머리를 끄덕이며 옳다고 했다.

磨难 mónàn 고난 **ㅣ** 现如今 xiànrújīn 지금 **ㅣ** 皱眉 zhòuméi 눈살을 찌푸리다 **ㅣ** 同僚 tóngliáo 동료 **ㅣ** 要塞 yàosài 요새 **ㅣ** 把守 bǎshǒu 지키다 **ㅣ** 强人 qiángrén 강도, 강한 사람 **ㅣ** 捣乱 dǎoluàn 소란을 피우다 **ㅣ** 啥 shá 무슨, 무엇 **ㅣ** 婆娘 póniáng 아내, 기혼의 젊은 여인 **ㅣ** 贤惠 xiánhuì (여자가) 어질고 총명하다 **ㅣ** 挑拔 tiǎobō 충동질하다 **ㅣ** 贪图 tāntú 탐내다 **ㅣ** 贿赂 huìlù 뇌물 **ㅣ** 残害 cánhài (잔혹하게) 상해를 가하다 **ㅣ** 良民 liángmín 양민 **ㅣ** 冤家 yuānjiā 원수

这时正赶上元宵佳节 [1]，宋江想去镇上看
Zhèshí zhèng gǎnshàng Yuánxiāo jiājié, Sòng Jiāng xiǎng qù zhènshàng kàn

灯，花荣公务在身，不能陪同，便派了三个亲信与
dēng, Huā Róng gōngwù zài shēn, bùnéng péitóng, biàn pài le sān ge qīnxìn yǔ

他一同前往。宋江边走边欣赏，只见家家门前，搭
tā yìtóng qiánwǎng. Sòng Jiāng biān zǒu biān xīnshǎng, zhǐ jiàn jiājiā ménqián, dā-

起灯棚，悬挂花灯，灯上画着许多故事。宋江等
qǐ dēng péng, xuánguà huādēng, dēngshàng huà zhe xǔduō gùshi. Sòng Jiāng děng

人来到大王庙 [2] 前，这里真是玉树琼花，火海灯山，
rén láidào Dàwángmiào qián, zhèlǐ zhēnshi yùshù qiónghuā, huǒ hǎi dēng shān,

他们赏了一会儿又往南行，见一伙人正在一大院门
tāmen shǎng le yíhuìr yòu wǎng nán xíng, jiàn yì huǒ rén zhèng zài yí dàyuàn mén-

前看热闹，原来正有一群舞鲍老 [3] 的，宋江看着那
qián kàn rènao, yuánlái zhèng yǒu yì qún wǔbàolǎo de, Sòng Jiāng kàn zhe nà-

些人扭扭捏捏的样子，不禁大笑起来。没想到刘知
xiē rén niǔniǔniēniē de yàngzi, bùjīn dàxiào qǐlái. Méixiǎngdào Liú zhī

寨夫妇和几个婆娘也在这里观看。
zhài fūfù hé jǐ ge póniáng yě zài zhèlǐ guānkàn.

이때는 바야흐로 원소절이라, 송강은 고을에 가서 등불 구경을 하고 싶어했다. 화영은 공무에 몸이 묶여 함께 갈 수가 없어 세 명의 측근을 그와 함께 가도록 보냈다. 송강은 걸으면서 감상을 했는데, 집집마다 문앞에 등불 울타리를 세워 꽃등을 매달았고 등에는 수많은 이야기가 그려져 있었다. 송강 일행이 대왕묘 앞까지 오니 그곳은 정말 꽃처럼 아름다운 등불이 산과 바다를 이룬 듯하였다. 그들은 잠시 감상을 하고 다시 남쪽으로 가다가, 한 무리의 사람들이 큰 뜰의 문앞에서 구경을 하고 있는 것이 보였다. 알고 보니 마침 한 무리의 탈춤패가 있었고, 송강은 그들이 살랑살랑 춤추는 모습을 보고는 참지 못하고 크게 웃음을 터뜨렸다. 그런데 뜻밖에 유지채 부부와 몇 명의 여인들도 그곳에서 구경을 하고 있었다.

1 **元宵佳节** : 원소절, 정월대보름. 이 날 곳곳에 등을 매달아 아름답게 장식을 하는 풍속이 있어 등절(燈節)이라고도 한다.
2 **大王庙** : 대왕묘. 토지신을 모신 사당.
3 **舞鲍老** : 옛날, 민간의 유희적인 가면 춤.

公务 gōngwù 공무 ｜ 陪同 péitóng 모시고 다니다 ｜ 亲信 qīnxìn 측근 ｜ 搭 dā (막 따위를) 치다, 세우다 ｜ 棚 péng (천)막 ｜ 悬挂 xuánguà 매달다 ｜ 花灯 huādēng 꽃등 ｜ 玉树琼花 yùshù qiónghuā 아름다운 나무와 꽃을 형용 ｜ 火海灯山 huǒ hǎi dēng shān 등불이 산을 이루고 바다를 이루다, 등불이 많이 모여 있는 모양 ｜ 大院 dàyuàn 안뜰, 뜨락 ｜ 看热闹 kàn rènao 구경하다 ｜ 扭扭捏捏 niǔniǔniēniē 몸을 꼬며 살랑살랑 교태를 부리는 모양

看见宋江，刘知寨的老婆说：“那个黑矮汉
Kànjiàn Sòng Jiāng, Liú zhīzhài de lǎopó shuō : "Nàge hēi ǎi hàn-

子，就是前几天在清风山抢掳我的贼头。”刘知寨
zi, jiùshì qián jǐ tiān zài Qīngfēngshān qiǎnglǔ wǒ de zéitóu." Liú zhīzhài

一听，便叫随从去捉宋江，抓到寨里用绳绑了，
yì tīng, biàn jiào suícóng qù zhuō Sòng Jiāng, zhuādào zhàili yòng shéng bǎng le,

押到厅前。那几个随宋江来看灯的，见宋江被捉，
yādào tīng qián. Nà jǐ ge suí Sòng Jiāng lái kàn dēng de, jiàn Sòng Jiāng bèi zhuō,

马上跑回去报告给花荣。花荣听说，大吃一惊，马
mǎshàng pǎo huíqù bàogào gěi Huā Róng. Huā Róng tīngshuō, dà chī yì jīng, mǎ

上提枪上马，带了四五十名军汉，直奔刘高寨里来。
shàng tí qiāng shàng mǎ, dài le sìwǔshí míng jūnhàn, zhí bèn Liú Gāo zhàili lái.

　　유지채의 부인은 송강을 보고 말했다. "저 까맣고 땅달막한 사내가 바로 며칠
전 청풍산에서 나를 강탈했던 괴수예요." 유지채는 그 말을 듣자마자 수행원에게
가서 송강을 잡으라 하고 소채로 끌고 가 밧줄로 묶고 안당 앞으로 압송해 갔다.
송강을 따라 등불 구경을 왔던 그 몇 사람은 송강이 잡힌 것을 보고는 곧바로 뛰
어 돌아가 화영에게 보고했다. 화영은 그 말을 듣고 크게 놀라 곧 창을 들고 말에
올라 사오십 명의 군졸들을 데리고 곧장 유고의 소채로 달려왔다.

抢掳 qiǎnglǔ 강탈하다　｜　贼头 zéitóu 괴수

09
小李广梁山显神箭

花荣来到厅前叫道："请刘知寨出来说话！"
Huā Róng láidào tīng qián jiào dào : "Qǐng Liú zhīzhài chūlái shuōhuà!"

刘高吓得魂飞魄散，惧怕花荣武艺高强，哪敢出来
Liú Gāo xià de hún fēi pò sàn, jùpà Huā Róng wǔyì gāoqiáng, nǎ gǎn chūlái

相见。
xiāngjiàn.

花荣见刘高不出来，喝令左右进去搜人。三五
Huā Róng jiàn Liú Gāo bù chūlái, hèlìng zuǒyòu jìnqù sōu rén. Sānwǔ-

十个军汉一齐去搜，从廊下耳房里找到宋江，他被
shí ge jūnhàn yìqí qù sōu, cóng lángxià ěrfáng li zhǎodào Sòng Jiāng, tā bèi

吊在梁上，已被打得皮开肉绽。几个军汉忙救下宋
diàozài liángshang, yǐ bèi dǎ de pí kāi ròu zhàn. Jǐ ge jūnhàn máng jiùxià Sòng

江，花荣叫军士先送他回去。他骑在马上向里面喊
Jiāng, Huā Róng jiào jūnshì xiān sòng tā huíqù. Tā qízài mǎshang xiàng lǐmian hǎn-

道："刘知寨，你把我表兄抓在家里，诬陷是贼，
dào : "Liú zhīzhài, nǐ bǎ wǒ biǎoxiōng zhuāzài jiāli, wūxiàn shì zéi,

你太欺负人了，明天再来和你理论，你等着！"说
nǐ tài qīfu rén le, míngtiān zài lái hé nǐ lǐlùn, nǐ děng zhe!" Shuō-

完，带了众人回寨。
wán, dài le zhòngrén huí zhài.

魂飞魄散 hún fēi pò sàn 혼비백산하다 ┃ 高强 gāoqiáng 뛰어나다 ┃ 喝令 hèlìng 큰 소리로 명령하다 ┃ 左右 zuǒyòu 측근 ┃ 搜 sōu 수색하다 ┃ 廊下 lángxià 낭하, 복도 ┃ 耳房 ěrfáng 정방(正房)의 양쪽 옆에 있는 작은방 ┃ 吊 diào 매달다 ┃ 梁 liáng 들보 ┃ 皮开肉绽 pí kāi ròu zhàn 피부가 찢기고 터지다 ┃ 表兄 biǎoxiōng 사촌형 ┃ 诬陷 wūxiàn 모함하다 ┃ 欺负 qīfu 업신여기다 ┃ 理论 lǐlùn 시비를 논하다

　화영이 정당 앞에 와서 "유지채 나와서 말 좀 합시다!" 하고 소리치자, 유고는 놀라 혼비백산하며 화영의 무예가 뛰어난 것이 두려워 감히 나와 만나지 못했다.

　화영은 유고가 나오지 않는 것을 보고 큰 소리로 측근에게 명령하여 들어가 찾도록 했다. 사오십 명의 군졸이 일제히 들어가 수색하여 낭하의 작은방에서 송강을 찾아냈다. 송강은 들보에 매달려 이미 맞아 살이 찢기고 터져 있었다. 군졸 몇 명이 급히 송강을 구해 내리자, 화영은 군사들에게 먼저 그를 데리고 돌아가도록 하였다. 그는 말 위에 탄 채 안쪽을 향해 소리쳤다. "유지채, 당신 내 형님을 집에 붙잡아놓고 도적이라 모함하다니, 사람을 업신여겨도 유분수지. 내일 다시 와서 당신과 잘잘못을 따질 테니 기다리시오!" 말을 마치고는 사람들을 데리고 소채로 돌아갔다.

刘高见花荣把宋江救走，急忙召集二百多人，
Liú Gāo jiàn Huā Róng bǎ Sòng Jiāng jiù zǒu, jímáng zhàojí èrbǎi duō rén,

到花荣寨里去抢人。那二百来人都拥在门口，谁也
dào Huā Róng zhàili qù qiǎng rén. Nà èrbǎi lái rén dōu yōngzài ménkǒu, shéi yě

不敢先进去。
bùgǎn xiān jìnqù.

此时天已大亮，两扇大门敞开，只见花荣坐在
Cǐshí tiān yǐ dàliàng, liǎng shàn dàmén chǎngkāi, zhǐ jiàn Huā Róng zuòzài

正厅，左手握弓，右手挽箭，大声喝道："你们听
zhèngtīng, zuǒshǒu wò gōng, yòushǒu wǎn jiàn, dàshēng hèdào : "Nǐmen tīng

着，冤有头，债有主[1]。你那两个新来的教头，还不
zhe, yuān yǒu tóu, zhài yǒu zhǔ. Nǐ nà liǎng ge xīnlái de jiàotóu, hái bù

知道我花知寨的武艺，今天先叫你们领教一下我的
zhīdào wǒ Huā zhīzhài de wǔyì, jīntiān xiān jiào nǐmen lǐngjiào yíxià wǒ de

箭法，第一枝箭我先射大门上左边门神[2]手里拿的花
jiànfǎ, dì yī zhī jiàn wǒ xiān shè dàmén shang zuǒbiān ménshén shǒuli ná de huā-

骨朵儿！"他搭上箭，拉满弓，一箭正射中门神的
gǔduǒr!" Tā dāshàng jiàn, lā mǎn gōng, yí jiàn zhèng shèzhòng ménshén de

花骨朵儿。众人看了都吃一惊。花荣又取第二枝箭，
huāgǔduǒr. Zhòngrén kàn le dōu chī yì jīng. Huā Róng yòu qǔ dì èr zhī jiàn,

叫道："第二枝箭，我要射右边门神头盔上的红
jiào dào : "Dì èr zhī jiàn, wǒ yào shè yòubiān ménshén tóukuī shang de hóng-

缨。""嗖"地又一箭，不偏不斜，正中缨上。
yīng." "Sōu" de yòu yí jiàn, bù piān bù xié, zhèng zhòng yīngshang.

유고는 화영이 송강을 구해 간 것을 보고는 급히 2백여 명을 소집해 화영의 소채로 사람을 빼앗으러 갔다. 그 2백여 명은 모두 문앞에 몰려서서 누구도 감히 먼저 들어가지 못했다.

이때 날은 이미 훤히 밝아 두 쪽의 대문이 활짝 열렸는데, 화영이 정당에 앉아 왼손에는 활을 쥐고 오른손으로는 화살을 잡은 채 큰소리로 이렇게 외치고 있었다. "너희들 들어라. 원한에는 상대가 있고, 빚에는 빚쟁이가 있는 법이다. 너희 그 새로 온 두 교두는 아직 이 화지채의 무예를 모르니 오늘 우선 너희에게 내 활 쏘는 법을 한수 가르쳐 주겠다. 첫 번째 화살로 내가 먼저 대문의 왼쪽 문신(門神)이 손에 쥐고 있는 꽃봉오리를 쏘겠다!" 그는 화살을 메기고 활을 끝까지 잡아당겨 단발에 문신의 꽃봉오리를 정통으로 맞췄다. 사람들은 보고 모두 기겁을 했다.

화영은 또 두 번째 화살을 집고 소리쳤다. "두 번째 화살은 내가 오른쪽 문신 투구 위의 붉은 술을 쏘겠다." '쉭' 하며 또 한 발을 쏘자 조금도 빗나가지 않고 술에 명중했다.

1 **冤有头, 债有主** : 원한에는 상대가 있고, 빚에는 빚쟁이가 있다. 일에는 반드시 근원이 있다.

2 **门神** : 문신. 음력 정월에 집집마다 좌우 문짝에 붙이는 두 개의 신상.

来 lái [수사 또는 수량사 뒤에 쓰여 대체적인 어림수를 나타냄] │ 敞开 chǎngkāi 활짝 열다 │ 握 wò (손으로) 쥐다 │ 挽 wǎn 잡다 │ 领教 lǐngjiào 가르침을 받다 │ 箭法 jiànfǎ 활 쏘는 기술 │ 花骨朵儿 huāgǔduǒr 꽃봉오리, 꽃망울 │ 头盔 tóukuī 투구 │ 红缨 hóngyīng 옛날, 관리의 모자에 단 붉은 술 │ 嗖 sōu 윙, 핑, 씽, 휙 [신속하게 지나가는 소리] │ 不偏不斜 bù piān bù xié 어느 쪽으로도 쏠리거나 기울어지지 않다. 대상으로부터 빗나가지 않다

花荣再取第三枝箭，喝道："你们看我这第三
Huā Róng zài qǔ dì sān zhī jiàn, hèdào : "Nǐmen kàn wǒ zhè dì sān

枝箭，要射你们队里穿白衣服教头的心窝。"那人
zhī jiàn, yào shè nǐmen duìlǐ chuān bái yīfu jiàotóu de xīnwō." Nà rén

"哎呀"叫了一声，转身就走，众人也叫喊着退潮
"Āiyā" jiào le yì shēng, zhuǎnshēn jiù zǒu, zhòngrén yě jiàohǎn zhe tuìcháo

般跑了。
bān pǎo le.

花荣因宋江惹恼了刘知寨，知道他不会善罢
Huā Róng yīn Sòng Jiāng rěnǎo le Liú zhīzhài, zhīdào tā búhuì shàn bà

甘休，于是携带家人离开清风寨，和宋江一起投奔
gān xiū, yúshì xiédài jiārén líkāi Qīngfēngzhài, hé Sòng Jiāng yìqǐ tóubèn

梁山。花荣、宋江两个骑马在前头，后面车中载
Liángshān. Huā Róng、Sòng Jiāng liǎng ge qímǎ zài qiántou, hòumian chē zhōng zài

着老小。前面不远到了对影山，两边两座高山，
zhe lǎoxiǎo. Qiánmian bù yuǎn dào le Duìyǐngshān, liǎngbiān liǎng zuò gāoshān,

中间是一条大路。走了半里多路，只见一群人马，
zhōngjiān shì yì tiáo dàlù. Zǒu le bàn lǐ duō lù, zhǐ jiàn yì qún rénmǎ,

约有一百多人，尽是红衣红甲，拥着一个穿红盔甲
yuē yǒu yìbǎi duō rén, jìn shì hóng yī hóng jiǎ, yōng zhe yí ge chuān hóng kuījiǎ

的少年壮士，横戟立马，在山坡前叫道："今天你
de shàonián zhuàngshì, héng jǐ lì mǎ, zài shānpō qián jiào dào : "Jīntiān nǐ

我一定要比个胜败，分个输赢！"
wǒ yídìng yào bǐ ge shèngbài, fēn ge shūyíng!"

화영은 다시 세 번째 화살을 꺼내며 외쳤다. "너희들 잘 봐라. 내 이 세 번째 화살로 너희들 가운데에 흰 옷을 입은 교두의 명치를 쏠 것이다." 그 사람은 '아악' 하고 소리치며 몸을 돌려 달아났고, 사람들도 소리를 지르며 썰물이 빠지듯 도망쳤다.

화영은 송강이 유지채를 노하게 한 까닭에 그가 그냥 가만히 있지 않을 것임을 알았다. 그래서 집안사람들을 데리고 청풍채를 떠나 송강과 함께 양산에 의탁하러 갔다. 화영과 송강 두 사람은 말을 타고 앞장섰고 뒤에는 노인과 아이들을 수레에 실었다. 앞으로 얼마 가지 않으면 대영산에 도착하는데, 양편으로 두 개의 높은 산이 있었고 중간에 큰 길 하나가 있었다. 반 리 남짓 길을 가자 한 떼의 인마가 나타났다. 대략 백여 명은 되었으며 모두 붉은 옷에 붉은 갑옷을 입었고, 붉은 투구와 갑옷을 입은 한 젊은 장사 하나를 옹위하고 있었는데, 그 장사는 미늘창을 비스듬히 들고 말을 세운 채 산기슭 앞에서 소리쳤다. "오늘 나는 너와 반드시 승부를 겨뤄 자웅을 가리겠다!"

心窝 xīnwō 심장이 있는 부분, 명치 ┃ 退潮 tuìcháo 썰물, 조수가 밀려 나가다 ┃ 惹恼 rěnǎo 남을 노하게 하다 ┃ 善罢甘休 shàn bà gān xiū 그대로 일없이 지내다 ┃ 携带 xiédài 인솔하다 ┃ 载 zài 싣다, 적재하다 ┃ 老小 lǎoxiǎo 가족, 노인과 아이 ┃ 甲 jiǎ 갑옷 ┃ 拥 yōng 둘러싸다, 에워싸다 ┃ 壮士 zhuàngshì 장사 ┃ 横 héng 가로 놓다, 비스듬히 들다 ┃ 戟 jǐ 미늘창 ┃ 立马 lì mǎ 말을 세우다 ┃ 比胜败 bǐ shèngbài 승부를 겨루다 ┃ 分输赢 fēn shūyíng 승부를 가리다

对面山冈上也有一队人马，也有一百多人，都
Duìmiàn shāngāng shang yě yǒu yí duì rénmǎ, yě yǒu yìbǎi duō rén, dōu

是白衣白甲，拥着一个穿白盔甲的少年壮士，
shì bái yī bái jiǎ, yōng zhe yí ge chuān bái kuījiǎ de shàonián zhuàngshì,

手中也使一枝方天画戟 [1]。这边是素白旗号，那边是
shǒu zhōng yě shǐ yì zhī fāngtiānhuàjǐ. Zhèbiān shì sùbái qíhào, nàbiān shì

暗红旗号。只见两边红白旗摇，锣鼓震天。两个壮
ànhóng qíhào. Zhǐ jiàn liǎng biān hóng bái qí yáo, luó gǔ zhèn tiān. Liǎng ge zhuàng-

士在马上斗了三十多个回合，不分胜败。花荣和宋
shì zài mǎshang dòu le sānshí duō ge huíhé, bù fēn shèngbài. Huā Róng hé Sòng

江看了喝彩。
Jiāng kàn le hècǎi,

맞은편 산언덕 위에서도 한 떼의 인마가 나타났다. 역시 백여 명이었고 모두 흰
옷에 흰 갑옷을 입고, 흰 투구와 갑옷을 한 젊은 장사를 둘러싸고 있었는데, 그
역시 손에 방천화극 한 자루를 휘두르고 있었다. 이쪽은 하얀 깃발이었고 저쪽 편
은 진홍색 깃발이었다. 양편의 붉고 흰 깃발이 흔들리는 것만 보이고 징과 북소리
가 하늘을 진동하였다. 두 장사는 말 위에서 30여 회합을 싸웠으나 승패를 가리
지 못했다. 화영과 송강은 그것을 보고 갈채를 보냈다.

1 方天画戟：방천화극. 옛날 병장기의 일종.

素白 sùbái 수수하고 흰 색 | **旗号** qíhào 기, 깃발 | **暗红** ànhóng 진홍색 | **锣鼓** luógǔ 징과 북(의 소리) | **震天** zhèn tiān 하늘을 진동시키다

09 | 小李广梁山显神箭

这时那两个壮士斗到深涧里。这两枝戟上，一
Zhèshí nà liǎng ge zhuàngshì dòudào shēnjiàn lǐ. Zhè liǎng zhī jǐshang, yì

枝是金钱豹子尾，一枝金钱五色幡，却缠做一团，
zhī shì jīnqián bàozi wěi, yì zhī jīnqián wǔsè fān, què chán zuò yìtuán,

上面的绒线结住了，怎么也拆不开。
shàngmian de róngxiàn jiézhù le, zěnme yě chāi bu kāi.

花荣在马上看见，便把马带住，左手去飞鱼袋
Huā Róng zài mǎshang kànjiàn, biàn bǎ mǎ dàizhù, zuǒshǒu qù fēiyúdài

内取弓，右手向走兽壶中拔箭，搭上箭，拉满弓，
nèi qǔ gōng, yòushǒu xiàng zǒushòuhú zhōng bá jiàn, dāshàng jiàn, lā mǎn gōng,

"嗖"的一箭，恰好把搅在一起的绒线射断。两只
"Sōu" de yí jiàn, qiàhǎo bǎ jiǎozài yìqǐ de róngxiàn shèduàn. Liǎng zhī

画戟一下被分开了，二百多人齐声喝彩。
huàjǐ yíxià bèi fēnkāi le, èrbǎi duō rén qíshēng hècǎi.

那两个壮士不再斗了，都纵马跑来，向着宋
Nà liǎng ge zhuàngshì búzài dòu le, dōu zòng mǎ pǎolái, xiàng zhe Sòng

江、花荣问："请问神箭将军大名？"花荣在马上
Jiāng、Huā Róng wèn :"Qǐngwèn shénjiàn jiāngjūn dàmíng?" Huā Róng zài mǎshang

说："我这位义兄是山东及时雨[1]宋公明；我是清风
shuō :"Wǒ zhè wèi yìxiōng shì Shāndōng jíshíyǔ Sòng gōngmíng ; Wǒ shì Qīngfēng

寨知寨小李广花荣。"
zhài zhīzhài xiǎo Lǐ Guǎng Huā Róng."

이때 그 두 장사는 싸우다가 깊은 계곡까지 들어갔다. 그 두 자루의 미늘창은 한 자루에는 금전표 꼬리가, 또 한 자루에는 금빛 무늬의 오색기가 달려 있었는데, 하나로 얽히면서 위에 달린 숫실이 엉켜 아무리 해도 떼어낼 수가 없었다.

화영은 말 위에서 그걸 보고는 말을 멈춰 세우고 왼손으로 비어대 안에서 활을 꺼냈다. 그리고 오른손으로는 주수호에서 화살을 뽑아 화살을 물리고 활을 잔뜩 당겨 '쉿' 하고 한 발을 쏘았는데, 함께 엉켜 있던 숫실을 정확히 맞추어 끊었다. 두 자루의 화극은 단번에 떨어졌고, 2백여 명의 사람들은 일제히 갈채를 보냈다.

그 두 장사는 더 이상 싸우지 않고 모두 말을 놓고 달려와 송강과 화영을 향해 물었다. "귀신같은 활솜씨를 지닌 장군의 존함이 어떻게 되십니까?" 화영은 말 위에서 말했다. "나의 이 의형은 산동의 급시우 송공명이시고 나는 청풍채의 지채, 작은 이광 화영이오."

1 **及时雨** : 급시우. 때 맞춰 내리는 비. 사람들의 원망에 부합되는 인물 또는 사물이라는 뜻이다.

深涧 shēnjiàn 깊은 산골짜기를 흐르는 시냇물 ┃ 金钱豹(子) jīnqián bào(zi) 금전표, 표범의 일종 ┃ 幡 fān 수직으로 거는 좁고 긴 깃발 ┃ 缠 chán 얽히다 ┃ 绒线 róngxiàn 숫실 ┃ 结 jié 엉기다 ┃ 拆开 chāikāi 갈라놓다 ┃ 带住 dàizhù 붙잡다 ┃ 去 qù ~로부터, ~에서 ┃ 飞鱼袋 fēiyúdài 활을 담는 자루의 일종 ┃ 向 xiàng ~로부터, ~에서 ┃ 走兽壶 zǒushòuhú 화살통의 일종 ┃ 搅 jiǎo (휘)감다, 뒤섞다 ┃ 纵马 zòng mǎ 말고삐를 늦추다 ┃ 将军 jiāngjūn 장군 ┃ 大名 dàmíng 존함 ┃ 义兄 yìxiōng 의형

二人听后，下马施礼说："久闻大名。"宋江、
Èr rén tīng hòu, xiàmǎ shīlǐ shuō : "Jiǔ wén dàmíng." Sòng Jiāng、

花荣慌忙下马，扶起壮士一问，才知一位叫吕方，
Huā Róng huāngmáng xiàmǎ, fúqǐ zhuàngshì yí wèn, cái zhī yí wèi jiào Lǚ Fāng,

一位叫郭盛，为争夺这对影山已经厮杀了十多天，
yí wèi jiào Guō Shèng, wèi zhēngduó zhè Duìyǐngshān yǐjing sīshā le shí duō tiān,

不分胜败。宋江说："今天既然相遇，我们劝二位
bù fēn shèngbài. Sòng Jiāng shuō : "Jīntiān jìrán xiāngyù, wǒmen quàn èr wèi

讲和怎么样？"二位壮士大喜，当即应允。
jiǎnghé zěnmeyàng?" Èr wèi zhuàngshì dàxǐ, dāngjí yīngyǔn.

宋江二人在吕、郭山上住了两天，说起同去
Sòng Jiāng èr rén zài Lǚ、Guō shānshang zhù le liǎng tiān, shuōqǐ tóng qù

梁山泊投奔晁盖，二人表示也愿意去。到了梁山，
Liángshānpō tóubèn Cháo Gài, èr rén biǎoshì yě yuànyì qù. Dào le Liángshān,

晁盖等头领亲自迎接，杀牛宰马大摆宴席。席间，
Cháo Gài děng tóulǐng qīnzì yíngjiē, shā niú zǎi mǎ dà bǎi yànxí. Xíjiān,

宋江等人说到花荣一箭射断绒线，分开画戟的
Sòng Jiāng děng rén shuōdào Huā Róng yí jiàn shèduàn róngxiàn, fēnkāi huàjǐ de

事，晁盖听后有些不信。
shì, Cháo Gài tīng hòu yǒuxiē bú xìn.

施礼 shīlǐ 예를 행하다, 절하다 ┃ 久闻大名 jiǔ wén dàmíng 존함은 오래 전에 들었습니다 [처음 대면할
때 쓰는 말] ┃ 争夺 zhēngduó 쟁탈하다 ┃ 厮杀 sīshā 싸우다, 서로 싸우고 죽이다 ┃ 相遇 xiāngyù
만나다, 마주치다 ┃ 讲和 jiǎnghé 강화하다 ┃ 应允 yīngyǔn 응낙하다 ┃ 表示 biǎoshì 나타내다, 표
명하다 ┃ 杀牛宰马 shā niú zǎi mǎ 소를 잡고 말을 잡다, 잔치를 마련하다 ┃ 宴席 yànxí 연회석

두 사람이 듣고서는 말에서 내려 예를 행하며 말했다. "존함은 오래 전부터 들었습니다." 송강과 화영은 황급히 말에서 내려 장사들을 부축해 일으키며 물었고, 그제서야 한 사람은 여방이라 하고 다른 한 사람은 곽성이며, 이 대영산을 쟁탈하기 위해 이미 십여 일을 싸웠는데, 승부를 가리지 못했다는 것을 알게 되었다. 송강은 말했다. "오늘 기왕 만났으니 우리가 두 분께 강화를 권하는데 어떻소?" 두 장사는 크게 기뻐하며 그 자리에서 응낙하였다.

송강 등 두 사람은 여방과 곽성의 산 위에서 이틀을 머물렀고, 함께 양산박에 가서 조개에게 의탁하는 게 어떠냐고 하자 두 사람 역시 가고 싶다고 하였다. 양산에 가자 조개 등의 두령들이 친히 맞이하였고 소와 말을 잡아 풍성하게 연회를 차렸다. 연회 자리에서 송강 등은 화영이 화살 한 발로 숫실을 끊어 화극을 떼어 냈던 일을 이야기했는데, 조개는 듣고 나서 그다지 믿지 않는 눈치였다.

酒喝到一半，大家都说，出去玩会儿再接着
Jiǔ hēdào yíbàn, dàjiā dōu shuō, chūqù wán huìr zài jiēzhe

喝。于是众头领便出外观看山景，走着走着忽听空
hē. Yúshì zhòng tóulǐng biàn chūwài guānkàn shānjǐng, zǒu zhe zǒu zhe hū tīng kōng

中大雁鸣叫。花荣心说："晁盖刚才不信我射断
zhōng dàyàn míngjiào. Huā Róng xīnshuō : "Cháo Gài gāngcái bú xìn wǒ shèduàn

绒线，我不如现在就让他看看，也好让众人服我。"
róngxiàn, wǒ bùrú xiànzài jiù ràng tā kànkan, yě hǎo ràng zhòngrén fú wǒ."

　　花荣向身边的人借了一张弓，拿在手中一
　　Huā Róng xiàng shēnbiān de rén jiè le yì zhāng gōng, názài shǒuzhōng yí

看，正是他喜欢的泥金鹊画细弓，又要了一枝好箭，
kàn, zhèngshì tā xǐhuan de níjīn quèhuàxìgōng, yòu yào le yì zhī hǎo jiàn,

便对晁盖说："兄长请看，那行大雁已向这里飞来，
biàn duì Cháo Gài shuō : "Xiōngzhǎng qǐng kàn, nà háng dàyàn yǐ xiàng zhèlǐ fēilái,

花荣不敢夸口，这枝箭要射在那行雁里第三只的头
Huā Róng bùgǎn kuākǒu, zhè zhī jiàn yào shèzài nà háng yànlǐ dì sān zhī de tóu-

上。如果射不中，请不要见笑。"
shàng. Rúguǒ shè bu zhòng, qǐng búyào jiànxiào."

술을 반쯤 마시자 모두들 나가서 잠시 놀다가 다시 이어서 마시자고 말하였다. 그리하여 여러 두령들은 곧 밖으로 나가서 산의 경치를 구경하며 한참 걷고 있는데 갑자기 공중에서 큰 기러기 우는 소리가 들렸다. 화영은 속으로 생각했다. '조개가 방금 내가 숫실을 쏘아 끊은 것을 못 믿어 하던데, 차라리 내가 지금 당장 그에게 보여주는 것이 낫겠다. 사람들이 나에게 탄복하게 하기도 좋을 테니까.'

화영은 곁에 있던 사람에게 활을 하나 빌려 손에 들고 보니, 마침 그가 좋아하는 금가루로 장식된 작화세궁이어서, 또 좋은 화살 하나를 달라고 하여 조개에게 말했다. "형님 보십시오. 저 기러기떼가 이미 이쪽으로 날아오고 있는데, 이 화영이 감히 거짓말 안 하고 이 화살 한 발로 저 기러기들 가운데 세 번째 놈의 머리를 맞추겠습니다. 만약 맞추지 못해도 비웃지 마십시오."

出外 chūwài 바깥으로 나가다 ▎ 山景 shānjǐng 산의 경치 ▎ ···着···着 ···zhe···zhe [동일한 동사와 함께 쓰여 그 동작 중 어떤 변화가 일어남을 나타냄] ▎ 大雁 dàyàn 큰 기러기 ▎ 鸣叫 míngjiào (새·곤충 따위가) 울다 ▎ 泥金 níjīn 이금, 금가루 ▎ 鹊画细弓 quèhuàxìgōng 까치 무늬가 새겨진 가는 활 ▎ 行 háng 열, 줄 ▎ 夸口 kuākǒu 허풍을 떨다 ▎ 见笑 jiànxiào 비웃다

花荣搭上箭，拉满弓，瞄准雁群，往空中一箭
Huā Róng dāshàng jiàn, lā mǎn gōng, miáozhǔn yànqún, wǎng kōngzhōng yí jiàn

射去。众人抬头观看，果然正中雁行里的第三只，
shèqù. Zhòngrén táitóu guānkàn, guǒrán zhèng zhòng yànháng lǐ de dì sān zhī,

并流星般坠落山坡下。晁盖忙命军士拿来看，只见
bìng liúxīng bān zhuìluò shānpōxià. Cháo Gài máng mìng jūnshì nálái kàn, zhǐ jiàn

那枝箭不偏不斜正穿在雁头上。
nà zhī jiàn bù piān bù xié zhèngchuān zài yàntóu shàng.

晁盖和众头领看了，又惊又喜，都称花荣是
Cháo Gài hé zhòng tóulǐng kàn le, yòu jīng yòu xǐ, dōu chēng Huā Róng shì

神箭将军。吴用赞叹不已："能有如此神手，实在
shénjiàn jiāngjūn. Wú Yòng zàntàn bùyǐ : "Néng yǒu rúcǐ shénshǒu, shízài

是山寨的荣幸！"从此，梁山泊没有一人不钦佩
shì shānzhài de róngxìng!" Cóngcǐ, Liángshānpō méiyǒu yì rén bù qīnpèi

花荣。
Huā Róng.

화영은 화살을 메기고 활을 잔뜩 당겨 기러기떼를 조준하여 공중을 향해 한 발 쏘았다. 사람들이 고개를 들어 보니 과연 기러기떼 중의 세 번째 기러기에 명중하여 별똥별처럼 산기슭으로 떨어지는 것이었다. 조개는 급히 군사들에게 명하여 가지고 오게 해서 보았는데, 그 화살은 조금도 빗나가지 않고 정확히 기러기의 머리를 관통해 있었다.

조개와 여러 두령들이 보고는 놀랍고도 기뻐 모두 화영을 신궁 장군이라고 칭찬하였다. 오용은 찬탄해 마지않았다. "이런 신궁을 모실 수 있다니 정말이지 산채의 영광입니다!" 이로부터 양산박에서는 화영에게 경복하지 않는 사람이 없었다.

坠落 zhuìluò 떨어지다　｜　神手 shénshǒu 신기에 도달한 사람　｜　荣幸 róngxìng 영광　｜　钦佩 qīnpèi 경복하다

1   **본문을 읽고 다음 물음에 답하시오.**

(1) 元宵节是——

    A. 中国传统节日，在农历正月十五日

    B. 农历正月初一及其以后的几天，是中国传统节日

    C. 中国传统节日，在农历八月十五日

(2) 花荣为什么和宋江一起投奔梁山?

    A. 因为花荣有烧了大军草料场的大罪

    B. 因为花荣惹恼了高太尉，知道他不会善罢甘休

    C. 因为宋江惹恼了刘高，知道他不会好好地了结

(3) 吕方和郭盛为什么厮杀了十多天?

    A. 因为吕方和郭盛是死对头

    B. 为了争夺对影山

    C. 为了争夺生辰纲

2   **녹음을 듣고 빈칸에 들어갈 말을 써 넣으시오.**

(1) 自从与兄长分别，(   )已五六年了，(   )想念，曾写十多封书信。

(2) 宋江边走边(   )，只见家家门前，搭起灯棚，(   )花灯，灯上画着许多故事。

(3) 能有如此(   )，实在是山寨的(   )!

3 다음 문장을 자연스러운 우리말로 옮기시오.

(1) "这清风寨是青州的一个要塞，如果小弟独自在这里把守，远近强人没有敢捣乱的。"

　➡

(2) 刘高吓得魂飞魄散，惧怕花荣武艺高强，哪敢出来相见。

　➡

4 다음 문장을 자연스러운 중국어로 옮기시오.

(1) 그 2백여 명은 모두 문앞에 몰려서서 누구도 감히 먼저 들어가지 못했다.

　➡

(2) "오늘 기왕 만났으니 우리가 두 분께 강화를 권하는데 어떻소?"

　➡

黑旋风斗浪里白条

宋江因为杀了阎婆惜，吃了官司，被发配江州
Sòng Jiāng yīnwèi shā le Yán Póxī, chī le guānsi, bèi fāpèi Jiāngzhōu

牢城。宋江有钱，将牢城上下打点得高高兴兴，
láochéng. Sòng Jiāng yǒu qián, jiāng láochéng shàngxià dǎdiǎn de gāogāoxìngxìng,

没人难为他。
méi rén nánwéi tā.

一天，宋江和差拨一起喝酒，差拨对他说：
Yìtiān, Sòng Jiāng hé chāibō yìqǐ hē jiǔ, chāibō duì tā shuō :

"你来了有十多天了，也该给那个节级 [1] 送些钱物了，
"Nǐ lái le yǒu shí duō tiān le, yě gāi gěi nàge jiéjí sòng xiē qiánwù le,

他可不好对付。"宋江说："那人要钱我偏不给他，
tā kě bù hǎo duìfu." Sòng Jiāng shuō : "Nà rén yào qián wǒ piān bù gěi tā,

看他敢把我怎样？"
kàn tā gǎn bǎ wǒ zěnyàng?"

正说着话，有人来报："节级来了，正在厅里
Zhèng shuō zhe huà, yǒurén láibào : "Jiéjí lái le, zhèng zài tīngli

大发雷霆。"差拨和宋江连忙放下酒杯，去见节级。
dà fā léitíng." Chāibō hé Sòng Jiāng liánmáng fàngxià jiǔbēi, qù jiàn jiéjí.

节级一见宋江便训斥说："你这黑矮子，倚仗谁的
Jiéjí yí jiàn Sòng Jiāng biàn xùnchì shuō : "Nǐ zhè hēi ǎizi, yǐzhàng shéi de

势力，不送常例钱 [2] 给我？"
shìlì, bú sòng chánglìqián gěi wǒ?"

흑선풍이 물속의 살치와 싸우다

송강은 염파석을 살해한 이유로 재판을 받고 강주 감옥으로 유배되었다. 송강은 돈이 있어서 감옥의 아래위에 뇌물을 써서 기분 좋게 만들어 그를 괴롭히는 사람이 없었다.

하루는 송강이 간수와 함께 술을 마시는데 간수가 그에게 이렇게 말했다. "당신이 온 지 십여 일이 되었으니 그 옥관에게도 금품을 좀 주어야 합니다. 그 사람은 정말 상대하기가 쉽지 않거든요." 송강이 말했다. "그가 나에게 돈을 요구한다면 나는 절대 주지 않을 거요. 그자가 감히 나를 어떻게 하겠어?"

말을 하고 있는데 누군가 와서 보고를 하였다. "옥관께서 오셨는데 정당에서 노발대발하고 있습니다." 간수와 송강은 급히 술잔을 내려놓고 옥관을 만나러 갔다. 옥관은 송강을 보자마자 엄하게 꾸짖었다. "너 이 시커먼 딸보, 누구 힘을 믿고 나에게 상납전을 안 바치는 거야?"

1 节级 : 절급. 옛날, 감옥 중의 중급 옥관.
2 常例钱 : 상납금. 원대(元代)에 악질 관리가 사욕을 채우기 위해 아랫사람으로부터 착취하던 돈.

浪 làng 물결, 파도 ┃ 白条 báitiáo 살치, 민물고기의 일종 ┃ 牢城 láochéng 옛날, 귀양 간 죄수를 수용한 감옥 ┃ 难为 nánwéi 괴롭히다, 난처하게 하다 ┃ 对付 duìfu 상대하다, 대응하다 ┃ 大发雷霆 dàfā léitíng 노발대발하다 ┃ 训斥 xùnchì 엄하게 타이르며 꾸짖다 ┃ 矮子 ǎizi 키가 작은 사람, 난쟁이 ┃ 倚仗 yǐzhàng (타인의 세력이나 유리한 조건에) 의지하다, 기대다 ┃ 势力 shìlì 세력

宋江说：“人情人情，在人情愿，你为什么逼
Sòng Jiāng shuō : "Rénqíng rénqíng, zài rén qíngyuàn, nǐ wèishénme bī

取人财？”差拨听了都替宋江捏把汗。节级大怒喝
qǔ rén cái?" Chāibō tīng le dōu tì SòngJiāng niē bǎ hàn. Jiéjí dànù hè-

道：“贼配军竟敢如此无礼，来人哪，给我打这家
dào : "Zéi pèijūn jìnggǎn rúcǐ wúlǐ, láirén na, gěi wǒ dǎ zhè jiā-

伙一百棍！”厅下人都与宋江要好，听说打他，一
huo yìbǎi gùn!" Tīng xiàrén dōu yǔ Sòng Jiāng yàohǎo, tīngshuō dǎ tā, yì

哄而走。
hōng ér zǒu.

节级见到这种情景，更是愤怒，拿起训棍就要
Jiéjí jiàndào zhèzhǒng qíngjǐng, gèng shì fènnù, náqǐ xùngùn jiùyào

亲自动手打宋江，还说：“杀你有什么难的，就像
qīnzì dòngshǒu dǎ Sòng Jiāng, hái shuō : "Shā nǐ yǒu shénme nán de, jiù xiàng

打死一只苍蝇。”宋江冷笑说：“我因为不送你常例
dǎsǐ yì zhī cāngying." Sòng Jiāng lěngxiào shuō : "Wǒ yīnwèi bú sòng nǐ chánglì-

钱就该死，那结识梁山好汉吴用的，又该当何罪？”
qián jiù gāi sǐ, nà jiéshí Liángshān hǎohàn Wú Yòng de, yòu gāi dāng hé zuì?"

节级听了这话，慌忙丢了训棍，拉住宋江问：“你
Jiéjí tīng le zhè huà, huāngmáng diū le xùngùn, lāzhù Sòng Jiāng wèn : "Nǐ

是谁？怎么说出这种话来？”宋江说：“我便是山
shì shéi? Zěnme shuōchū zhèzhǒng huà lái?" Sòng Jiāng shuō : "Wǒ biànshì Shān-

东郓城宋江。”节级听了大惊，连忙作揖说：“原来
dōng Yùnchéng Sòng Jiāng." Jiéjí tīng le dà jīng, liánmáng zuòyī shuō : "Yuánlái

兄长正是及时雨宋公明。”拉着宋江便到一个临街
xiōngzhǎng zhèngshì jíshíyǔ Sòng gōngmíng." Lā zhe Sòng Jiāng biàn dào yí ge línjiē

酒楼坐下。
jiǔlóu zuòxià.

송강이 말했다. "인정을 베푸는 것은 주는 사람이 진심으로 원하는 데 달려 있는 것이거늘 당신은 왜 남의 재물을 강제로 취하려는 거요?" 간수는 듣고 송강 때문에 자기도 손에 땀을 쥐었다. 옥관은 크게 노해 소리쳤다. "도적놈이 귀양 와서 감히 이렇게 무례하다니. 여봐라, 이놈에게 곤장 백 대를 쳐라!" 당 아래 있던 사람들은 모두 송강과 사이가 좋았기에 그를 때리라는 말을 듣고는 우르르 몰려 도망갔다.

옥관은 이런 광경을 보고는 더욱 화가 치밀어 몽둥이를 들고 직접 송강을 때리려고 하면서 또 이렇게 말했다. "널 죽이는 건 하나도 어렵지 않다. 그저 파리 한 마리 때려죽이는 것이나 마찬가지니까." 송강은 냉소하며 말했다. "내가 당신한테 상납전을 바치지 않는다는 이유로 죽어야 한다면, 양산의 호한 오용과 사귄 것은 또 무슨 죄에 해당합니까?" 옥관은 그 말을 듣고 황급히 몽둥이를 버리고 송강을 끌어당겨 잡고 물었다. "너는 누구냐? 어째서 그런 말을 하느냐?" 송강은 말했다. "내가 바로 산동 운성의 송강이오." 옥관은 듣고 크게 놀라 급히 읍을 하며 "원래 형님이 바로 급시우 송공명이셨군요" 하고 말하고는, 송강을 이끌고 길가의 한 술집으로 가서 앉았다.

人情 rénqíng 예물, 경조사 때의 인사나 선물 | 情愿 qíngyuàn 진심으로 원하다 | 替 tì ～을 위하여, ～때문에 | 捏汗 niēhàn 손에 땀을 쥐다, 조마조마하다 | 配军 pèijūn 옛날, 죄인을 변방으로 유배하여 군무에 종사케 하다 | 无礼 wúlǐ 무례하다 | 要好 yàohǎo 사이가 좋다 | 哄 hōng 왁자지껄(하다), 와글와글 | 愤怒 fènnù 분노하다 | 训棍 xùngùn (징벌용) 곤봉 | 苍蝇 cāngying 파리 | 结识 jiéshí 사귀다 | 该当 gāidāng 해당하다 | 作揖 zuòyī 읍하다 [공수(拱手)한 손을 얼굴 앞으로 들고 허리를 앞으로 공손히 구부렸다 펴면서 내리는 인사] | 临街 línjiē 거리에 면하다

原来此人便是吴学究[1]推荐给宋江的江州两院
Yuánlái cǐrén biàn shì Wú xuéjiū tuījiàn gěi Sòng Jiāng de Jiāngzhōu liǎngyuàn

押牢[2]节级戴院长[3]戴宗。这戴宗有一种惊人的本领，
yāláo jiéjí Dài yuànzhǎng Dài Zōng. Zhè Dài Zōng yǒu yì zhǒng jīngrén de běnlǐng,

如有紧急军情，把两个纸马拴在他两只腿上，作起
rú yǒu jǐnjí jūnqíng, bǎ liǎng ge zhǐmǎ shuānzài tā liǎng zhī tuǐshang, zuòqǐ

神行法来，一天能行五百里；把四个纸马拴在腿上，
shénxíngfǎ lái, yì tiān néng xíng wǔbǎi lǐ ; Bǎ sì ge zhǐmǎ shuānzài tuǐshang,

便一天能行八百里，因此人们都叫他神行太保戴宗。
biàn yì tiān néng xíng bābǎi lǐ, yīncǐ rénmen dōu jiào tā shénxíng tàibǎo Dài Zōng.

两人在楼上越谈越投机，才喝二三杯，就听楼
Liǎng rén zài lóushàng yuè tán yuè tóujī, cái hē èrsān bēi, jiù tīng lóu-

下有吵闹声。戴宗下楼去看个究竟，不一会儿，带
xià yǒu chǎonàoshēng. Dài Zōng xià lóu qù kàn ge jiūjìng, bùyíhuìr, dài

上来一个黑凛凛的大汉，戴宗向宋江介绍说："这
shànglái yí ge hēilǐnlǐn de dàhàn, Dài Zōng xiàng Sòng Jiāng jièshào shuō : "Zhè

个是小弟身边牢里的一个小牢子，姓李，名逵，人
ge shì xiǎodì shēnbiān láoli de yí ge xiǎo láozi, xìng Lǐ, míng Kuí, rén

称黑旋风[4]李逵。乡里人都叫他'李铁牛'。"
chēng hēixuànfēng Lǐ Kuí. Xiāngli rén dōu jiào tā 'Lǐ tiěniú'."

惊人 jīngrén 사람을 놀라게 하다 ｜ 军情 jūnqíng 군사 상황 ｜ 纸马 zhǐmǎ 종이로 만든 말. (제사 때 태우는) 신상(神像)이 그려져 있는 종이 ｜ 拴 shuān 붙들어 매다, 묶다 ｜ 神行 shénxíng 매우 빠른 걸음 ｜ 太保 tàibǎo 태보 [녹림호걸에 대한 존칭] ｜ 投机 tóujī 의기투합하다 ｜ 吵闹 chǎonào 큰 소리로 말다툼하다 ｜ 究竟 jiūjìng 결말, 일의 귀착 ｜ 黑凛凛 hēilǐnlǐn 검고 위엄이 있다 ｜ 小牢子 xiǎo láozi 옛날, 옥졸 중의 한 등급 ｜ 乡里 xiāngli 마을, 고향

　　알고 보니 이 사람은 다름 아닌 오학구가 송강에게 추천했던 강주 양원의 옥관 대원장 대종이었다. 대종은 놀라운 능력을 하나 가지고 있었다. 만약 긴급한 군사 상황이 있으면 지마(紙馬) 두 개를 그의 두 다리에 묶고 신행법을 써서 하루에 5백 리를 갈 수 있고, 지마 4개를 다리에 묶으면 하루에 8백 리를 갈 수 있었다. 그래서 사람들은 모두 그를 신행태보 대종이라고 불렀다.

　　두 사람은 위층에서 말을 나누면서 점점 더 의기투합했는데, 겨우 두세 잔을 마셨을 때 아래층에서 시끄럽게 말다툼하는 소리가 들렸다. 대종이 어떻게 된 일인지 아래층으로 보러 내려갔다가, 얼마 안 있어 까무잡잡하고 늠름한 덩치 큰 사내를 데리고 올라와 송강에게 소개하였다. "이 사람은 제가 있는 감옥의 옥졸인데, 성은 이이고 이름은 규이며 사람들은 흑선풍 이규라고 부릅니다. 고을 사람들은 모두 그를 '이철우'라고 합니다."

1 **学究** : 학구, 학인. 옛날, 훈장.
2 **押牢** : 압뢰. 송원(宋元) 시대 감옥의 간수.
3 **院长** : 원장. 옛날, 절급에 대한 높임말.
4 **黑旋风** : 흑선풍. 피부가 검고 싸울 때는 마치 회오리바람처럼 돌진한다는 뜻에서 붙여진 별명이다.

李逵看着宋江问戴宗："哥哥，这黑汉子是
Lǐ Kuí kàn zhe Sòng Jiāng wèn Dài Zōng : "Gēge, zhè hēi hànzi shì

谁？"戴宗说："这位仁兄便是你常说要去投奔他
shéi?" Dài Zōng shuō : "Zhè wèi rénxiōng biànshì nǐ cháng shuō yào qù tóubèn tā

的义士哥哥。"李逵问："莫不是山东及时雨黑宋
de yìshì gēge." Lǐ Kuí wèn : "Mò búshì Shāndōng jíshíyǔ hēi Sòng

江？"宋江说："我正是山东黑宋江。"李逵高兴得
Jiāng?" Sòng Jiāng shuō : "Wǒ zhèngshì Shāndōng hēi Sòng Jiāng." Lǐ Kuí gāoxìng de

跪倒便拜。宋江连忙回礼，又问刚才在楼下为什么
guìdǎo biàn bài. Sòng Jiāng liánmáng huílǐ, yòu wèn gāngcái zài lóuxià wèishénme

争吵。李逵便将向人借银子，人家不借，因此争吵
zhēngchǎo. Lǐ Kuí biàn jiāng xiàng rén jiè yínzi, rénjiā bú jiè, yīncǐ zhēngchǎo

的事说了一遍。宋江马上拿出十两银子给李逵。戴
de shì shuō le yí biàn. Sòng Jiāng mǎshàng náchū shí liǎng yínzi gěi Lǐ Kuí. Dài

宗拦不住，李逵接了银子腾腾下楼走了。戴宗对宋
Zōng lán bu zhù, Lǐ Kuí jiē le yínzi téngténg xià lóu zǒu le. Dài Zōng duì Sòng

江说："这家伙虽然性情耿直，只是贪酒好赌。他
Jiāng shuō : "Zhè jiāhuo suīrán xìngqíng gěngzhí, zhǐshì tān jiǔ hào dǔ. Tā

这一去，一定去赌。"
zhè yí qù, yídìng qù dǔ."

李逵拿了银子心想："宋江不曾与我深交，就借
Lǐ Kuí ná le yínzi xīnxiǎng : "Sòng Jiāng bùcéng yǔ wǒ shēnjiāo, jiù jiè

我十两银子，果然仗义疏财，名不虚传，只恨我这
wǒ shí liǎng yínzi, guǒrán zhàng yì shū cái, míng bù xū chuán, zhǐ hèn wǒ zhè

几天赌输了，没钱请他吃饭，今天再去赌一赌，如
jǐ tiān dǔshū le, méi qián qǐng tā chīfàn, jīntiān zài qù dǔ yi dǔ, rú-

果赢了也请他吃一顿。"
guǒ yíng le yě qǐng tā chī yí dùn."

이규는 송강을 보면서 대종에게 물었다. "형님, 이 까만 사내는 누구요?" 대종이 말했다. "이 형님이 바로 자네가 늘 의탁하러 가겠다고 말하던 의사(義士) 형님이시네." 이규가 "설마 산동의 급시우 검은 송강은 아니겠지요?" 하고 묻자 송강이 말했다. "내가 바로 산동의 검은 송강이네." 이규는 기뻐서 무릎을 꿇고 절을 하였다. 송강은 얼른 답례를 하고는 또 방금 아래층에서 왜 말다툼을 했는지 물었다. 이규는 다른 사람에게 은자를 빌리려는데 그 사람이 빌려주지 않아서 다투게 된 일을 말해주었다. 송강은 곧바로 은 10냥을 꺼내 이규에게 주었다. 대종이 막지 못하여 이규는 은자를 받고 기세등등하게 아래층으로 내려갔다. 대종은 송강에게 말했다. "저 놈이 성품은 비록 올곧지만 술을 탐하고 노름을 좋아합니다. 저놈 지금 가는 것도 틀림없이 노름을 하러 가는 겁니다."

이규는 은자를 가져와서 속으로 생각했다. '송강은 나와 깊이 사귄 적이 없는데도 나한테 은자 10냥을 빌려주다니, 과연 의를 중시하고 재물을 가벼이 여기는 것이 명성 그대로이군. 단지 내가 요 며칠 노름에서 잃어 그에게 식사를 대접할 돈이 없는 것이 한이니, 오늘 다시 가서 노름을 해서 만약 딴다면 그에게 밥 한 끼라도 대접해야지.'

仁兄 rénxiōng 동생의 형에 대한 높임말 ｜ 义士 yìshì 의사, 의인 ｜ 莫不是 mò búshì 설마 ~란 말인가 ｜ 回礼 huílǐ 답례하다 ｜ 争吵 zhēngchǎo 다투다 ｜ 腾腾 téngténg 기세등등하다 ｜ 性情 xìngqíng 성정, 성품 ｜ 耿直 gěngzhí 정직하고 솔직하다, 바르고 곧다 ｜ 赌 dǔ 도박(하다) ｜ 不曾 bùcéng ~않다 [과거의 경험·행위·사실 따위를 부정] ｜ 深交 shēnjiāo 깊이 사귀다 ｜ 仗义疏财 zhàng yì shū cái 의를 중시하고 재물을 가볍게 여기다 ｜ 名不虚传 míng bù xū chuán 명성 그대로이다

想着便进了赌场，没承想，不一会儿就把十两
Xiǎng zhe biàn jìn le dǔchǎng, méi chéng xiǎng, bùyíhuìr jiù bǎ shí liǎng

银子输光了。李逵急了，把自己的带别人的银子统统
yínzi shūguāng le. Lǐ Kuí jí le, bǎ zìjǐ de dài biérén de yínzi tǒngtǒng

抢在手里，一脚踢开门便走，那伙人没有一个敢追上
qiǎngzài shǒuli, yì jiǎo tīkāi mén biàn zǒu, nà huǒ rén méiyǒu yí ge gǎn zhuīshàng

去要。
qù yào.

李逵正走着，背后有人扳住他的肩膀说："你
Lǐ Kuí zhèng zǒu zhe, bèihòu yǒurén bānzhù tā de jiānbǎng shuō : "Nǐ

这家伙为什么抢别人的钱财？"李逵回头一看原来
zhè jiāhuo wèishénme qiǎng biérén de qiáncái?" Lǐ Kuí huítóu yí kàn yuánlái

是戴宗和宋江。李逵羞红着脸说："哥哥别怪我，
shì Dài Zōng hé Sòng Jiāng. Lǐ Kuí xiū hóng zhe liǎn shuō : "Gēge bié guài wǒ,

铁牛今天赌输了哥哥的银子，又没钱来请哥哥，一
tiěniú jīntiān dǔshū le gēge de yínzi, yòu méi qián lái qǐng gēge, yì

着急，做出这样的事来。"宋江大笑说："贤弟如果
zháojí, zuòchū zhèyàng de shì lái." Sòng Jiāng dàxiào shuō : "Xiándì rúguǒ

需要银子，只管找我来要。今天你既然输了，就把
xūyào yínzi, zhǐ guǎn zhǎo wǒ lái yào. Jīntiān nǐ jìrán shū le, jiù bǎ

银子还人家。"李逵只好把银子还了回去，尔后三
yínzi huán rénjiā." Lǐ Kuí zhǐhǎo bǎ yínzi huán le huíqù, ěrhòu sān

个人便到浔阳江边琵琶亭酒馆喝酒。
ge rén biàn dào Xúnyángjiāng biān Pípatíng jiǔguǎn hē jiǔ.

그렇게 생각하며 노름판으로 들어갔는데, 뜻밖에도 얼마 안 가서 은 10냥을 깡그리 잃고 말았다. 이규는 조바심이 나 자기가 잃은 돈에 다른 사람의 돈까지 몽땅 빼앗아 손에 들고 발로 문을 뻥 차고 열고 나왔는데, 어느 누구도 감히 쫓아가 달라고 하지 못하였다.

이규가 가고 있는데 뒤에서 누군가 그의 어깨를 잡아당기며 이렇게 말했다. "너 이놈 왜 남의 돈을 빼앗느냐?" 이규가 고개를 돌려 보니 대종과 송강이었다. 이규는 무안해서 얼굴을 붉히며 말했다. "형님 나를 나무라지 마시오. 철우가 오늘 형님의 은자를 노름으로 날린 데다 형님을 대접할 돈이 없어 조급해진 나머지 그런 일을 저질렀소." 송강은 크게 웃으며 말했다. "아우님이 만약 은자가 필요하면 주저 말고 나를 찾아와 달라고 하게. 오늘은 자네가 이왕 잃은 것이니 은자를 사람들에게 돌려주게." 이규는 할 수 없이 돌아가 은자를 돌려주었고, 그러고 나서 세 사람은 곧 심양강 강변의 비파정 술집으로 가서 술을 마셨다.

赌场 dǔchǎng 도박장 │ **没承想** méi chéng xiǎng 뜻밖에 │ **统统** tǒngtǒng 전부 │ **羞** xiū 부끄럽다
│ **红脸** hóngliǎn 얼굴을 붉히다 │ **贤弟** xiándì 자신의 동생 · 연하의 친구 또는 제자에 대한 경칭

宋江忽然想喝辣鱼汤，便问戴宗："这里有好鲜鱼么？"戴宗便叫来店小二问，店小二说："不敢瞒院长，今天的活鱼还在船里，鱼牙主人不来，谁也不敢卖。"李逵跳起来说："我去要两条活鱼来给哥哥吃。"李逵走到江边，见那渔船一字排开，约有八九十只。船上渔民，有的枕着船梢睡，有的在船头结网，也有的在水中洗澡。李逵走到船边叫道："你们船上有活鱼吗？给我两条。"渔人说："见不着鱼牙主人，我们不敢开舱卖鱼。"

　　李逵见他们不肯拿鱼，便跳到一只船上，他不懂船上的事，只顾把竹笆篾一拔，伸手去里边一摸，哪里还有什么鱼。原来江里的渔船，船尾开半截大孔，放江水出入，养着活鱼，用竹笆篾拦住。

송강은 문득 물고기 매운탕이 먹고 싶어 대종에게 물었다. "여기 좋은 생선이 있나?" 대종이 곧 점원을 불러와 묻자 점원은 이렇게 말했다. "원장님께 솔직히 말씀드리면 오늘 생선은 아직 배에 있는데, 매매 중개업주가 오지 않아 누구도 감히 팔지 못하고 있습니다." 이규가 펄쩍 뛰며 말했다. "내가 가서 생선 두 마리를 달라고 해서 형님을 잡수시게 하겠소." 이규가 강변으로 가니 어선들이 일자 모양으로 늘어서 있는 것이 보였는데 약 8~90척은 되었다. 배 위의 어민들은 어떤 이는 고물을 베고 자고 있고 어떤 이는 뱃머리에서 그물을 뜨고 있고, 또 어떤 이는 물속에서 멱을 감고 있었다. 이규는 배 옆으로 걸어가서 소리쳤다. "너희 배에 생선이 있느냐? 나한테 두 마리만 줘." 어부가 말했다. "중개업주를 만날 수가 없어서 우리는 선창을 열고 고기를 팔 수가 없소."

이규는 그들이 고기를 내놓으려 하지 않는 것을 보자 배 한 척에 뛰어올랐다. 그는 뱃일을 몰라 무턱대고 대바자를 빼내고 안으로 손을 뻗어 더듬어 보았는데, 물고기가 아직 남아있을 턱이 없었다. 알고보니 강의 어선들은 고물의 큰 구멍을 절반 정도 열어놓고, 강물이 드나들도록 해서 활어를 기르며 대바자로 막아놓는 것이었다.

辣鱼汤 làyútāng 물고기 매운탕 ｜ 鲜鱼 xiānyú 생선 ｜ 瞒 mán 속이다 ｜ 鱼牙 yúyá 어업 매매 중개인 ｜ 排开 páikāi 넓게 늘어놓다 ｜ 枕 zhěn 베다 ｜ 船梢 chuánshāo 고물, 선미 ｜ 船头 chuántóu 이물, 뱃머리 ｜ 结网 jiéwǎng 그물을 뜨다 ｜ 舱 cāng 선창, 선실 ｜ 只顾 zhǐgù 오로지 ～에만 열중하다 ｜ 竹笆篾 zhúbāmiè 대바자, 대쪽으로 엮은 울타리 ｜ 摸 mō 만지다 ｜ 船尾 chuánwěi 고물, 선미 ｜ 半截 bànjié 절반 ｜ 孔 kǒng 구멍

李逵一拔，鱼都跑了。李逵又跳到另一只船上
Lǐ Kuí yì bá, yú dōu pǎo le. Lǐ Kuí yòu tiàodào lìng yì zhī chuánshàng

去拔那竹篾，几十个渔人急了，都用竹篙来打李逵，
qù bá nà zhúmiè, jǐshí ge yúrén jí le, dōu yòng zhúgāo lái dǎ Lǐ Kuí,

李逵大怒，脱下布衫，抓过五六条竹篙，一下子
Lǐ Kuí dànù, tuōxià bùshān, zhuāguò wǔliù tiáo zhúgāo, yíxiàzi

都扭断了。
dōu niǔduàn le.

正热闹的时候，只见一个人从小路走出来，众
Zhèng rènao de shíhou, zhǐ jiàn yí ge rén cóng xiǎolù zǒu chūlái, zhòng-

人叫着："主人来的正好，这个大汉在这里抢鱼。"
rén jiào zhe : "Zhǔrén lái de zhènghǎo, zhège dàhàn zài zhèlǐ qiǎng yú."

那人说："什么黑大汉，敢如此无礼!"李逵看那
Nà rén shuō : "Shénme hēi dàhàn, gǎn rúcǐ wúlǐ!" Lǐ Kuí kàn nà

人，六尺五六身材，三十二三年纪，留着三绺小黑
rén, liù chǐ wǔliù shēncái, sānshíèrsān niánjì, liú zhe sān liǔ xiǎo hēi

胡子，手里提了个竹秤，正要来卖鱼。那人听了禀
húzi, shǒuli tí le ge zhúchèng, zhèngyào lái mài yú. Nà rén tīng le bǐng-

报，上前喝问："你这家伙要打谁?"李逵也不回答，
bào, shàngqián hèwèn : "Nǐ zhè jiāhuo yào dǎ shéi?" Lǐ Kuí yě bù huídá,

朝着那人便打过去，那人敌不过李逵水牛一般的力
cháo zhe nà rén biàn dǎ guòqù, nà rén dí bu guò Lǐ Kuí shuǐniú yìbān de lì-

气，一个劲挣扎。
qi, yí ge jìn zhēngzhá.

그것을 이규가 빼냈으니 물고기들이 다 도망쳤던 것이다. 이규가 또 다른 배 위로 뛰어가 대바자를 빼내자 수십 명의 어부들은 열이 올라 다들 대나무 삿대로 이규를 때렸다. 이규는 크게 화를 내며 베적삼을 벗고 대여섯 개의 삿대를 빼앗아 한꺼번에 다 분질러버렸다.

한창 시끌벅적하던 참에 한 사람이 좁다란 길에서 걸어 나오자 사람들은 소리쳤다. "주인님 마침 잘 오셨습니다. 이 사내가 여기서 물고기를 약탈합니다." 그 사람은 "웬 시꺼먼 놈이 감히 이처럼 무례하단 말이냐!" 하고 말했다. 이규가 그 사람을 보니 6척 5,6촌의 체구에 나이는 서른 두엇 되었고, 세 가닥의 작고 검은 수염을 기르고 있었으며 손에는 대나무 저울을 들고 있었는데, 물고기를 팔러 온 것이었다. 그 사람은 보고를 듣고 다가와 소리치며 물었다. "너 이놈 누굴 때리려고?" 이규는 대답도 않고 그 사람을 향해 달려들었고, 그 사람은 이규의 물소같은 힘을 당해내지 못하고 계속 발버둥쳤다.

竹篙 zhúgāo 대나무 상앗대　|　扭断 niǔduàn 비틀어·끊다　|　身材 shēncái 체격　|　绺 liǔ 가닥, 가락 [실뭉치·머리카락·수염 등을 세는 말]　|　胡子 húzi 수염　|　秤 chèng 저울　|　朝着 cháozhe (~로) 향하여　|　禀报 bǐngbào 보고하다　|　敌不过 dí bu guò 대적할 수 없다

正在这时，一个人在李逵背后把他拦腰抱住，
Zhèngzài zhèshí, yí ge rén zài Lǐ Kuí bèihòu bǎ tā lányāo bàozhù,

大喊："住手！住手！"李逵一回头，见是宋江、
dàhǎn: "Zhùshǒu! Zhùshǒu!" Lǐ Kuí yì huítóu, jiàn shì Sòng Jiāng、

戴宗。戴宗埋怨李逵又打架，李逵说："我打死人，
Dài Zōng. Dài Zōng mányuàn Lǐ Kuí yòu dǎjià, Lǐ Kuí shuō: "Wǒ dǎsǐ rén,

自己承担，绝不连累你。"宋江劝道："兄弟不要嘴
zìjǐ chéngdān, jué bù liánlěi nǐ." Sòng Jiāng quàn dào: "Xiōngdì búyào zuǐ-

硬，快回去喝酒吧！"
yìng, kuài huíqù hē jiǔ ba!"

三人走了不到十步，听见背后有人骂道："黑
Sān rén zǒu le búdào shí bù, tīngjiàn bèihòu yǒurén mà dào: "Hēi

家伙，老爷不怕你，谁走谁是孬种！"李逵一看
jiāhuo, lǎoyé bú pà nǐ, shéi zǒu shéi shì nāozhǒng!" Lǐ Kuí yí kàn

正是那个鱼牙主人，他脱得赤条条的，露出一身白
zhèngshì nàge yúyá zhǔrén, tā tuō de chìtiáotiáo de, lùchū yìshēn bái

肉，撑着一条船。李逵大怒，甩掉布衫叫道："有
ròu, chēng zhe yì tiáo chuán. Lǐ Kuí dànù, shuǎidiào bùshān jiào dào: "Yǒu

种的上岸来。"那人把竹篙往李逵的腿上扎去，撩
zhǒng de shàng àn lái." Nà rén bǎ zhúgāo wǎng Lǐ Kuí de tuǐshàng zhāqù, liáo-

拨得李逵火起，腾地跳上船去。说时迟，那时快，
bō de Lǐ Kuí huǒ qǐ, téngde tiàoshàng chuán qù. Shuō shí chí, nàshí kuài,

那人把竹篙往岸边一点，双脚一蹬，船便箭也似的
nà rén bǎ zhúgāo wǎng ànbiān yì diǎn, shuāng jiǎo yì dēng, chuán biàn jiàn yě shìde

往江心飞去。
wǎng jiāngxīn fēiqù.

그때 마침 한 사람이 이규 뒤에서 그의 허리를 꽉 끌어안고 크게 소리쳤다. "멈춰! 멈추라고!" 이규가 고개를 돌려보니 송강과 대종이었다. 대종이 이규가 또 싸운다고 불평하자 이규는 이렇게 말했다. "내가 사람을 때려 죽여도 스스로 감당하지 절대 형님은 연루시키지 않소." 그러자 송강이 말리며 말했다. "동생 고집부리지 말고 빨리 돌아가 술이나 마시세!"

세 사람이 열 걸음도 못 갔을 때 뒤에서 누군가 욕을 하는 것이 들렸다. "깜씨, 이 어르신은 널 안 겁낸다. 도망가는 놈이 겁쟁이다!" 이규가 보니 바로 그 중개업주였는데, 그는 옷을 홀딱 벗고 온몸의 하얀 살을 드러낸 채 삿대로 배질을 하고 있었다. 이규는 크게 성을 내며 베적삼을 벗어던지고 소리쳤다. "용기 있으면 뭍으로 올라와봐." 그 사람은 대삿대로 이규의 다리를 찌르며 자극했고, 이규는 화가 나 배 위로 훌쩍 뛰어올라갔다. 말로 하면 느리지만 그때는 빨랐으니, 그 사람이 삿대를 기슭 쪽으로 가볍게 밀며 두 다리를 쭉 펴자 배는 쏜살같이 강 한복판으로 미끄러져 갔다.

拦腰 lányāo 허리를 끌어안다 │ 埋怨 mányuàn 불평하다, 원망하다 │ 打架 dǎjià 싸우다 │ 承担 chéngdān 담당하다, 맡다 │ 绝 jué 절대로 │ 兄弟 xiōngdì 동생, 젊은이 [자기보다 나이 어린 남자를 친근하게 부르는 말] │ 老爷 lǎoyé 어르신, 나리, 주인 [옛날, 윗사람·관리·고용주 등에 대한 높임말] │ 孬种 nāozhǒng 겁쟁이, 멍청이 │ 露出 lùchū 노출하다, 드러내다 │ 撑 chēng 상앗대로 배질을 하다 │ 甩 shuǎi 벗다, 벗어버리다 │ 有种 yǒuzhǒng 용기가 있다 │ 上岸 shàng àn 기슭에 오르다, 상륙하다 │ 扎 zhā 찌르다 │ 撩拨 liáobō 자극하다, 희롱하다 │ 蹬 dēng (다리를) 뻗다 │ 江心 jiāngxīn 강의 한복판

李逵虽然识些水性，但不是很高，当时慌了
Lǐ Kuí suīrán shí xiē shuǐxìng, dàn búshì hěn gāo, dāngshí huāng le

手脚。那人嘴里说："我先不跟你打，先叫你喝些
shǒujiǎo. Nà rén zuǐli shuō : "Wǒ xiān bù gēn nǐ dǎ, xiān jiào nǐ hē xiē

水。"两只脚把船一晃，船底朝天，两个好汉都落
shuǐ." Liǎng zhī jiǎo bǎ chuán yí huàng, chuán dǐ cháo tiān, liǎng ge hǎohàn dōu luò-

到江里去。只见在江中那人把李逵提起来，又按下
dào jiāngli qù. Zhǐ jiàn zài jiāngzhōng nà rén bǎ Lǐ Kuí tí qǐlái, yòu àn xià-

去，在清波碧浪中间，一个浑身黑肉，一个遍体白
qù, zài qīng bō bì làng zhōngjiān, yí ge húnshēn hēi ròu, yí ge biàntǐ bái-

肤。一黑一白，两个打做一团，绞在一块儿，岸边
fū. Yì hēi yì bái, liǎng ge dǎ zuò yìtuán, jiǎozài yíkuàir, ànbiān

几百人无不喝彩。
jǐbǎi rén wúbù hècǎi.

이규는 비록 수영을 좀 할 줄 알기는 했지만 실력이 좋은 것은 아니었기에 당시 당황하여 어쩔 줄을 몰랐다. 그 사람이 입속으로 "나는 우선 너하고 싸우지 않고 먼저 너에게 물을 좀 먹이겠다." 하고 말하며 두 발로 배를 한 차례 흔들자 배 밑 바닥이 하늘을 향하면서 두 호한은 모두 강 속으로 빠졌다. 강물 속에서 그 사람은 이규를 끌어올렸다가 다시 내리눌렀다. 맑고 푸른 물결 속에 하나는 온몸이 까만 살이고 또 하나는 온몸이 하얀 피부였는데, 까맣고 하얀 두 사람이 한 덩어리가 되어 싸우며 뒤엉기자 강변에 있던 수백 명의 사람들은 모두들 갈채를 보냈다.

水性 shuǐxìng 수영 기술 ┃ **慌手(慌)脚** huāngshǒu(huāng)jiǎo 당황하여 어쩔 줄을 모르다 ┃ **晃** huàng 흔들다 ┃ **清波碧浪** qīng bō bì làng 맑고 푸른 물결 ┃ **遍体** biàntǐ 온몸 ┃ **白肤** báifū 흰 피부 ┃ **绞** jiǎo 감기다

宋江见李逵被那人揪住浸得够呛，便叫戴宗求
Sòng Jiāng jiàn Lǐ Kuí bèi nà rén jiūzhù jìn de gòuqiàng, biàn jiào Dài Zōng qiú

人去救。戴宗问看客："那白大汉是谁？"有人说：
rén qù jiù. Dài Zōng wèn kànkè : "Nà bái dàhàn shì shéi?" Yǒurén shuō :

"他是这里的卖鱼主人，叫张顺。"宋江猛醒，问
"Tā shì zhèlǐ de mài yú zhǔrén, jiào Zhāng Shùn." Sòng Jiāng měngxǐng, wèn

道："莫不是绰号浪里白条[1]的张顺？"众人说："正
dào : "Mò búshì chuòhào lànglǐ báitiáo de Zhāng Shùn?" Zhòngrén shuō : "Zhèng

是。"宋江说："我有他哥哥张衡家书一封。"戴宗
shì." Sòng Jiāng shuō : "Wǒ yǒu tā gēge Zhāng Héng jiāshū yì fēng." Dài Zōng

忙喊道："张二哥不要动手，这里有你兄长张衡
máng hǎndào : "Zhāng èrgē búyào dòngshǒu, zhèlǐ yǒu nǐ xiōngzhǎng Zhāng Héng

的书信。这黑大汉是我兄弟，你先饶了他，上岸说
de shūxìn. Zhè hēi dàhàn shì wǒ xiōngdì, nǐ xiān ráo le tā, shàng àn shuō-

话。"张顺认识院长戴宗，便放了李逵，游到岸上
huà." Zhāng Shùn rènshi yuànzhǎng Dài Zōng, biàn fàng le Lǐ Kuí, yóudào ànshang

说："院长别怪小人无礼。"戴宗说："看在我的面
shuō : "Yuànzhǎng bié guài xiǎorén wúlǐ." Dài Zōng shuō : "Kànzài wǒ de miàn

上，请把我兄弟救上来。"
shang, qǐng bǎ wǒ xiōngdì jiù shànglái."

这时李逵正在江里挣扎着，张顺游到跟前，
Zhèshí Lǐ Kuí zhèng zài jiānglǐ zhēngzhá zhe, Zhāng Shùn yóudào gēnqián,

牵住李逵一只手，两脚踏着水浪，如走平地，那水
qiānzhù Lǐ Kuí yì zhī shǒu, liǎng jiǎo tà zhe shuǐlàng, rú zǒu píngdì, nà shuǐ

浸不过他肚皮，很快便把李逵托上岸。
jìn bu guò tā dùpí, hěn kuài biàn bǎ Lǐ Kuí tuōshàng àn.

송강은 이규가 그 사람에게 붙잡힌 채 물에 빠져 힘겨워하는 것을 보고는 대종더러 살려달라 부탁하라고 하였다. 대종이 구경꾼들에게 "저 하얀 사내가 누구요?" 하고 묻자 누군가가 "그는 이곳의 중개업주인데 장순이라고 합니다." 하고 말했다. 송강은 문득 생각이 나서 "혹시 별명이 물속의 살치인 장순이란 말인가?" 하고 묻자 사람들은 "바로 그 사람입니다." 하고 말했다. 송강이 "나에게 그의 형 장형의 가서가 한 통 있소." 하고 말하자 대종은 급히 소리쳤다. "장형 싸우지 마시게. 여기에 자네 형님 장형의 서신이 있네. 그 까만 사내는 내 아우이니 자네는 우선 그를 용서하고 뭍으로 올라와 이야기하세." 장순은 원장 대종임을 알아보고 곧 이규를 놓아주고 기슭으로 헤엄쳐 와서 말했다. "원장님 소인의 무례함을 나무라지 마십시오." 대종이 말했다. "내 체면을 봐서 내 아우를 구해 올려 주게."

이때 이규는 강 속에서 발버둥치고 있었는데, 장순이 곁으로 헤엄쳐 가서 이규의 한쪽 손을 끌어잡고 마치 평지를 걷듯 두 발로 물살을 찼는데, 강물에 그의 배도 적시지 않은 채 재빨리 이규를 뭍으로 밀어 올렸다.

1 **浪里白条** : 낭리백조. 피부가 하얗고 살치처럼 자유자재로 수영을 잘 한다는 뜻에서 붙여진 별명이다.

浸 jìn (물에) 담그다, 잠그다　┃　**够呛** gòuqiàng 힘겹다, 견딜 수 없다　┃　**看客** kànkè 구경꾼, 관객　┃　**猛醒** měngxǐng 갑자기 깨닫다　┃　**绰号** chuòhào 작호, 별명　┃　**跟前** gēnqián 옆, 곁, 앞　┃　**牵** qiān 끌다, 잡아당기다　┃　**平地** píngdì 평지　┃　**肚皮** dùpí 배, 뱃가죽　┃　**托** tuō 밀어 올리다

张顺听说是宋江，跪下磕头就拜，宋江把他
Zhāng Shùn tīngshuō shì Sòng Jiāng, guìxià kētóu jiù bài, Sòng Jiāng bǎ tā

搀起来说："前几天来的时候，在浔阳江上，遇到
chān qǐlái shuō : "Qián jǐ tiān lái de shíhou, zài Xúnyángjiāng shàng, yùdào

你兄长张衡，写了一封信，现在信还在我那里。"
nǐ xiōngzhǎng Zhāng Héng, xiě le yì fēng xìn, xiànzài xìn hái zài wǒ nàlǐ."

张顺听说宋江想吃鲜鱼，立即叫人去弄，四人说
Zhāng Shùn tīngshuō Sòng Jiāng xiǎng chī xiānyú, lìjí jiào rén qù nòng, sì rén shuō-

说笑笑重新回到琵琶亭一齐畅饮。
shuōxiàoxiào chóngxīn huídào Pípatíng yìqí chàngyǐn.

장순은 송강이라는 말을 듣고 무릎을 꿇고 머리를 조아리며 절하였고, 송강은 그를 부축해 일으키며 말했다. "며칠 전 올 때 심양강에서 자네 형 장형을 만났는데, 편지를 한 통 써 주어서 지금 편지가 아직 내 거처에 있네." 장순은 송강이 생선을 먹고 싶어한다는 말을 듣고 즉시 사람을 시켜 가서 준비하게 하였고, 네 사람은 이야기로 웃음꽃을 피우며 다시 비파정으로 돌아와 함께 기분 좋게 술을 마셨다.

说说笑笑 shuōshuōxiàoxiào 이야기로 웃음꽃을 피우다　｜　重新 chóngxīn 다시, 새로이　｜　畅饮 chàngyǐn 유쾌하게 마시다

1   **본문을 읽고 다음 물음에 답하시오.**

(1) 节级为什么大发雷霆要杀宋江?

    A. 因为宋江不给他送钱物

    B. 因为他和宋江是势不两立的对手

    C. 因为宋江犯了死罪

(2) 人们为什么都把戴宗叫作神行太保?

    A. 因为他武艺高强

    B. 因为他走路走得特别快

    C. 因为他射箭射得特别好

(3) 那些渔民为什么不肯给李逵卖鱼?

    A. 因为鱼已经卖光了

    B. 因为他们不想给李逵卖鱼

    C. 因为鱼牙主人还没来

2   **녹음을 듣고 빈칸에 들어갈 말을 써 넣으시오.**

(1) 节级一见宋江便(　　　　)说:"你这黑矮子,(　　　　)谁的势力, 不送常例钱给我?"

(2) 厅下人都与宋江(　　　　), 听说打他,(　　　　)。

(3) 两人在楼上越谈越(　　　　), 才喝二三杯, 就听楼下有(　　　　)声。

3 다음 문장을 자연스러운 우리말로 옮기시오.

(1) 宋江不曾与我深交，就借我十两银子，果然仗义疏财，名不虚传。

➡

(2) 宋江见李逵被那人揪住浸得够呛，便叫戴宗求人去救。

➡

4 다음 문장을 자연스러운 중국어로 옮기시오.

(1) "그가 나에게 돈을 요구한다면 나는 기어코 주지 않을 거요. 그자가 감히 나를 어떻게 하겠어?"

➡

(2) "내가 사람을 때려 죽여도 스스로 감당하지 절대 형님은 연루시키지 않소."

➡

黑李逵沂岭杀四虎

晁盖等梁山头领把宋江的父亲和兄弟接到了
Cháo Gài děng Liángshān tóulǐng bǎ Sòng Jiāng de fùqīn hé xiōngdì jiēdào le

山寨，并设宴庆贺。宴席上公孙胜见景生情，也想
shānzhài, bìng shèyàn qìnghè. Yànxí shàng Gōngsūn Shèng jiàn jǐng shēng qíng, yě xiǎng-

起了自己的母亲，便向众首领请假回乡探望，晁盖
qǐ le zìjǐ de mǔqīn, biàn xiàng zhòng shǒulǐng qǐng jià huíxiāng tànwàng, Cháo Gài

等人准假并亲自送他到山下。
děng rén zhǔn jià bìng qīnzì sòng tā dào shānxià.

众头领刚送走公孙胜，正要上山，忽然黑旋风
Zhòng tóulǐng gāng sòngzǒu Gōngsūn Shèng, zhèngyào shàng shān, hūrán hēi xuánfēng

李逵放声大哭。宋江忙上前问："兄弟，你为何烦
Lǐ Kuí fàngshēng dàkū. Sòng Jiāng máng shàngqián wèn : "Xiōngdì, nǐ wèihé fán-

恼？"李逵哭着说："这个去接爹，那个去看娘，
nǎo?" Lǐ Kuí kū zhe shuō : "Zhège qù jiē diē, nàge qù kàn niáng,

独铁牛是从土坑里钻出来的。"晁盖说："有事你
wéidú tiěniú shì cóng tǔkēng lǐ zuān chūlái de." Cháo Gài shuō : "Yǒushì nǐ

就说，何必哭天抹泪的。"
jiù shuō, hébì kū tiān mǒ lèi de."

검은 이규가 기령에서 호랑이 네 마리를 죽이다

　　조개 등 양산의 두령들은 송강의 부친과 형제를 산채로 맞이해 와 잔치를 베풀어 축하하였다. 잔치 자리에서 공손승은 그런 광경을 보고 감정이 북받쳐올라 그 역시 자신의 어머니를 떠올리고 두령들에게 고향으로 돌아가 찾아뵙겠다고 휴가를 청하였고, 조개 등은 휴가를 허락하고 친히 그를 산 아래까지 배웅해 주었다.

　　두령들이 막 공손승을 배웅하고 산에 오르려는데 갑자기 흑선풍 이규가 대성통곡을 하는 것이었다. 송강이 급히 다가가 "동생, 자네 무슨 일로 괴로워하나?" 하고 묻자 이규는 울며 말했다. "누구는 아버지를 모시러 가고 누구는 어머니를 뵈러 가는데, 유독 이 철우만은 흙구덩이에서 나온 놈입니다요." 조개가 대답했다. "자네 일이 있거든 그냥 말하면 되지, 울며불며 할 필요가 무에 있나."

头领 tóulǐng 두령, 우두머리　|　庆贺 qìnghè 축하하다　|　见景生情 jiàn jǐng shēng qíng 눈앞의 정경을 보고 (어떤) 감정이 일다　|　探望 tànwàng 방문하다　|　请假 qǐng jià 휴가를 신청하다, 휴가를 받다　|　准假 zhǔn jià 휴가를 허락하다　|　放声大哭 fàngshēng dàkū 대성통곡하다　|　为何 wèihé 왜, 무엇 때문에　|　烦恼 fánnǎo 번민하다, 고민하다　|　惟独 wéidú 유독

李逵说："我只有一个老娘在家里，我哥哥在
Lǐ Kuí shuō : "Wǒ zhǐyǒu yí ge lǎoniáng zài jiāli, wǒ gēge zài

别人家做长工，怎么养得起她，我也想接我娘来过
biérén jiā zuò chánggōng, zěnme yǎng de qǐ tā, wǒ yě xiǎng jiē wǒ niáng lái guò

几天快活日子。"宋江说："兄弟如果能依我三件
jǐ tiān kuàihuó rìzi." Sòng Jiāng shuō : "Xiōngdì rúguǒ néng yī wǒ sān jiàn

事，就放你去。"李逵说："你说哪三件事？"宋江
shì, jiù fàng nǐ qù." Lǐ Kuí shuō : "Nǐ shuō nǎ sān jiàn shì?" Sòng Jiāng

说："第一件，来回路上不可喝酒。第二件，你脾气
shuō : "Dì yī jiàn, láihuí lùshàng bù kě hē jiǔ. Dì èr jiàn, nǐ píqi

暴躁，谁都不肯和你一起去，你必须一人悄悄前往，
bàozào, shéi dōu bùkěn hé nǐ yìqǐ qù, nǐ bìxū yì rén qiāoqiāo qiánwǎng,

接了娘便回来。第三件，你使的那两把板斧不要带
jiē le niáng biàn huílái. Dì sān jiàn, nǐ shǐ de nà liǎng bǎ bǎnfǔ búyào dài-

去，路上要小心，早去早回。"李逵说："这三件事
qù, lùshàng yào xiǎoxīn, zǎo qù zǎo huí." Lǐ Kuí shuō : "Zhè sān jiàn shì

有什么依不得，哥哥放心，我一定做到。事不宜
yǒu shénme yī bude, gēge fàngxīn, wǒ yídìng zuòdào. Shì bù yí

迟，我今天就走。"
chí, wǒ jīntiān jiù zǒu."

何必 hébì 구태여 ～할 필요가 있는가 ┃ **哭天抹泪** kū tiān mǒ lèi 울며 눈물을 닦다 ┃ **长工**
chánggōng 머슴(살이) ┃ **养** yǎng 먹여 살리다, 부양하다 ┃ **快活** kuàihuó 즐겁다 ┃ **过日子** guò rìzi
날을 보내다, 생활하다 ┃ **依** yī 따르다 ┃ **脾气** píqi 성질 ┃ **暴躁** bàozào (성미가) 거칠고 급하다
┃ **板斧** bǎnfǔ 날이 넓고 편평한 큰 도끼 ┃ **做到** zuòdào 성취하다, 해내다 ┃ **事不宜迟** shì bù yí chí
일은 늦추지 말아야 한다

이규는 말했다. "저는 집에 늙은 홀어머니만 계시고, 우리 형님은 남의 집에서 머슴을 사니 어떻게 어머니를 모실 수가 있겠어요. 저도 우리 어머니를 모셔와서 며칠이라도 즐거운 나날을 보내고 싶다구요." 그러자 송강이 말했다. "동생이 만약 세 가지 일만 나를 따라줄 수 있다면 자네를 가게 해 주겠네." 이규가 말했다. "형님 무슨 세 가지 일인지 말씀해 보세요." 송강이 말했다. "첫째, 가고 오는 길에 술을 마셔서는 안 되네. 둘째, 자네는 성질이 거칠고 급해서 누구도 자네와 함께 가려고 하질 않으니, 자네는 반드시 혼자서 조용히 갔다가 어머니를 모시고 바로 돌아와야 하네. 셋째, 자네가 쓰는 그 도끼 두 자루는 가져가서는 안 되고, 길에서는 조심하고 빨리 갔다가 빨리 돌아와야 하네." 이규가 말했다. "그 세 가지 일을 따르지 못할 게 뭐가 있습니까. 형님 마음 놓으세요. 제가 꼭 해내겠습니다. 일을 끌어서는 안 되니 저는 오늘 당장 가겠습니다."

119

李逵离开梁山，一路上也没喝酒，因此平安
Lǐ Kuí líkāi Liángshān, yílù shàng yě méi hē jiǔ, yīncǐ píng'ān

无事。这一天走到沂水县西门外，见一堆人围着看
wúshì. Zhè yì tiān zǒudào Yíshuǐxiàn xīmén wài, jiàn yì duī rén wéi zhe kàn

榜。李逵不识字，只听有人念道："第一名，正贼
bǎng. Lǐ Kuí bù shí zì, zhǐ tīng yǒurén niàn dào : "Dì yī míng, zhèngzéi

宋江，系郓城县人。第二名，从贼戴宗，系江州两
Sòng Jiāng, xì Yùnchéngxiàn rén. Dì èr míng, cóngzéi Dài Zōng, xì Jiāngzhōu liǎng

院押狱。第三名，从贼李逵，系沂州沂水县人……"
yuàn yāyù. Dì sān míng, cóngzéi Lǐ Kuí, xì Yízhōu Yíshuǐxiàn rén……"

李逵听完正要发作，忽被一人拦腰抱住叫道：
Lǐ Kuí tīngwán zhèngyào fāzuò, hū bèi yì rén lányāo bàozhù jiào dào :

"张大哥，你在这儿干什么？"李逵回头看时，是
"Zhāng dàgē, nǐ zài zhèr gàn shénme?" Lǐ Kuí huítóu kàn shí, shì

朱贵，便问："你怎么也在这里？"朱贵摆摆手把
Zhū Guì, biàn wèn : "Nǐ zěnme yě zài zhèlǐ?" Zhū Guì bǎibǎi shǒu bǎ

他领到一个酒店，在一个清静房间坐下，对李逵
tā lǐngdào yí ge jiǔdiàn, zài yí ge qīngjìng fángjiān zuòxià, duì Lǐ Kuí

说："你好大胆，那榜上明明写着赏一万贯捉宋
shuō : "Nǐ hǎo dàdǎn, nà bǎngshàng míngmíng xiě zhe shǎng yíwàn guàn zhuō Sòng

江，赏五千贯捉戴宗，赏三千贯捉李逵，你还站
Jiāng, shǎng wǔqiān guàn zhuō Dài Zōng, shǎng sānqiān guàn zhuō Lǐ Kuí, nǐ hái zhàn-

在那里看榜？如果被人捉到，可怎么办？宋公明怕
zài nàli kàn bǎng? Rúguǒ bèi rén zhuōdào, kě zěnmebàn? Sòng gōngmíng pà

你出事，特地叫我赶来帮你。"
nǐ chūshì, tèdì jiào wǒ gǎnlái bāng nǐ."

이규는 양산을 떠났고, 가는 길에 역시 술을 마시지 않아 평안 무사했다. 이날은 기수현 서문 밖까지 갔는데, 한 무리의 사람들이 둘러서서 방문을 보고 있는 것이 보였다. 이규는 글을 몰라 어떤 사람이 읽는 것을 듣기만 했다. "수범(首犯)은 주범 송강으로 운성현 사람이다. 제2범은 공범 대종으로 강주 양원 옥관이다. 제3범은 공범 이규로 기주 기수현 사람이다……."

이규가 듣고 화를 내려던 참에 갑자기 한 사람이 그의 허리를 꽉 끌어안고 소리쳤다. "장형 여기서 뭐 하세요?" 이규가 머리를 돌려 보니 주귀여서 물었다. "자네는 또 어째서 여기에 있나?" 주귀는 손사래를 치며 그를 한 주점으로 안내해 가서, 조용한 방안에 앉아 이규에게 말했다. "형님 정말 담도 크시지. 방문에 분명히 1만 꾸러미를 현상금으로 걸고 송강을 잡고, 5천 꾸러미를 상으로 걸고 대종을 잡고, 3천 꾸러미를 상으로 걸고 이규를 잡는다고 써 있는데, 형님은 그런데도 거기 서서 방문을 보세요? 만약 사람들에게 잡히면 정말 어쩌시려구요? 송공명께서 형님에게 일이 생길까봐 특별히 저에게 쫓아가 형님을 도우라고 하셨어요."

平安无事 píng'ān wúshì 평안 무사하다 ǀ **围** wéi 둘러싸다 ǀ **识字** shízì 글자를 알다 ǀ **正贼** zhèngzéi 주범 ǀ **从贼** cóngzéi 종범, 공범 ǀ **发作** fāzuò 화를 내다 ǀ **摆手** bǎishǒu 손을 흔들다 ǀ **清静** qīngjìng 조용하다 ǀ **大胆** dàdǎn 대담하다 ǀ **明明** míngmíng 분명히 ǀ **出事** chūshì 사고가 일어나다

李逵说："看，又麻烦你跑一趟。"朱贵说："没
Lǐ Kuí shuō : "Kàn, yòu máfan nǐ pǎo yí tàng." Zhū Guì shuō : "Méi

什么，这酒店是我兄弟朱富开的。"说完便叫兄弟
shénme, zhè jiǔdiàn shì wǒ xiōngdì Zhū Fù kāi de." Shuōwán biàn jiào xiōngdì

朱富出来与李逵相见，朱富摆酒招待李逵，李逵说：
Zhū Fù chūlái yǔ Lǐ Kuí xiāngjiàn, Zhū Fù bǎi jiǔ zhāodài Lǐ Kuí, Lǐ Kuí shuō :

"宋大哥不叫我喝酒，但今天已经到家了，就喝两
"Sòng dàgē bú jiào wǒ hē jiǔ, dàn jīntiān yǐjing dào jiā le, jiù hē liǎng

碗，没什么关系！"
wǎn, méi shénme guānxì!"

朱贵和他喝到凌晨，李逵趁着天刚刚微亮，便
Zhū Guì hé tā hēdào língchén, Lǐ Kuí chèn zhe tiān gānggāng wēi liàng, biàn

出门赶路。走了十几里地，见前面有片树林，李逵
chūmén gǎnlù. Zǒu le shíjǐ lǐ dì, jiàn qiánmian yǒu piàn shùlín, Lǐ Kuí

刚走进树林，忽然跳出一条大汉，喝道："是明白
gāng zǒujìn shùlín, hūrán tiàochū yì tiáo dàhàn, hè dào : "Shì míngbái

人留下买路钱！"李逵看那人，手里拿着两把板斧，
rén liúxià mǎilùqián!" Lǐ Kuí kàn nà rén, shǒulǐ ná zhe liǎng bǎ bǎnfǔ,

擦了一脸黑墨。李逵喝问："你是什么鸟人，敢在
cā le yì liǎn hēimò. Lǐ Kuí hè wèn : "Nǐ shì shénme diǎo rén, gǎn zài

这里抢劫？"那汉子说："要问我的名字，吓破你
zhèlǐ qiǎngjié?" Nà hànzi shuō : "Yào wèn wǒ de míngzi, xiàpò nǐ

的胆，老爷叫做黑旋风！"
de dǎn, lǎoyé jiàozuò hēixuànfēng!"

이규가 "봐라, 또 너를 성가시게 왔다갔다 하게 했구나." 하고 말하자 주귀는 "뭘요. 이 주점은 제 동생 주부가 차린 거예요." 하고 말했다. 말을 마치자 동생 주부를 나오라고 해서 이규와 대면시켰다. 주부가 술을 차려 이규를 대접하자 이규가 말했다. "송 형님께서 나에게 술 마시지 말라고 했지만 오늘 이미 집에 왔으니 딱 몇 잔만 마시는 것은 별 상관없겠지!"

주귀와 그는 새벽까지 마셨고, 이규는 날이 희미하게 튼 틈을 타서 길을 재촉했다. 십여 리를 걷자 앞쪽에 숲이 하나 있는 것이 보였는데, 이규가 막 숲으로 들어서자 갑자기 덩치 큰 사내 하나가 튀어나와 소리쳤다. "뭘 좀 아는 놈이면 통행료를 내라!" 이규가 그 사람을 보니 손에 도끼 두 자루를 들고 있고 얼굴에는 온통 검은 먹칠을 하고 있었다. 이규가 소리치며 "너는 뭐 하는 새낀데 감히 여기서 강도질을 하느냐?" 하고 말하자 그 사내는 이렇게 말했다. "내 이름을 들으면 네놈은 놀라 간담이 서늘해질 거다. 이 어르신은 흑선풍이다."

招待 zhāodài 초대하다, 대접하다 ┃ 凌晨 língchén 새벽 ┃ 微 wēi 미약하다, 경미하다 ┃ 赶路 gǎnlù 길을 재촉하다 ┃ 明白人 míngbái rén 총명한 사람, 사리를 아는 사람 ┃ 买路钱 mǎilùqián 강도가 통행인으로부터 뺏는 돈 ┃ 黑墨 hēimò 먹 ┃ 吓破胆 xiàpòdǎn 몹시 놀라다, 놀라 간담이 서늘하다

李逵哈哈大笑："你这家伙从哪来的，敢冒老
Lǐ Kuí hāhā dàxiào : "Nǐ zhè jiāhuo cóng nǎ lái de, gǎn mào lǎo-

爷我的名，在这里胡作非为！"李逵举起朴刀就砍，
yé wǒ de míng, zài zhèlǐ hú zuò fēi wéi!" Lǐ Kuí jǔqǐ pōdāo jiù kǎn,

那汉子哪里抵挡得住，正要跑，早被李逵打翻在地，
nà hànzi nǎli dǐdǎng de zhù, zhèngyào pǎo, zǎo bèi Lǐ Kuí dǎfān zài dì,

一脚踏住胸脯喝问："你认得老爷么？"那汉子在
yì jiǎo tàzhù xiōngpú hè wèn : "Nǐ rènde lǎoyé me?" Nà hànzi zài

脚下叫道："爷爷饶命！"李逵说："我正是江湖好
jiǎoxià jiào dào : "Yéye ráomìng!" Lǐ Kuí shuō : "Wǒ zhèngshì jiānghú hǎo-

汉黑旋风李逵，你这家伙竟敢冒充爷爷。"
hàn hēixuànfēng Lǐ Kuí, nǐ zhè jiāhuo jìng gǎn màochōng yéye."

이규는 하하 하고 크게 웃었다. "너 이놈 어디서 굴러온 놈인데 감히 이 어르신
의 이름을 사칭하고 여기서 멋대로 못된 짓을 하느냐!" 이규가 박도를 들어 찍는
데 그 사내가 어찌 막아낼 수 있었겠는가. 막 도망가려는데 이규는 이미 그를 때
려 바닥에 자빠뜨리고 발로 그의 가슴을 콱 밟고 소리쳐 물었다. "너 이 어르신을
알아보겠느냐?" 그 사내는 발 아래서 소리쳤다. "나으리 목숨만 살려주십시오!"
이규가 말했다. "내가 바로 강호의 호한 흑선풍 이규인데 네놈이 감히 이 몸을 사
칭해?"

冒名 mào míng 남의 이름을 사칭하다　｜　胡作非为 hú zuò fēi wéi 제멋대로 나쁜 짓을 하다　｜　砍 kǎn
찍다, 베다　｜　打翻 dǎfān 때려 엎다　｜　江湖 jiānghú 사방각지, 세상　｜　冒充 màochōng 사칭하다

黑李逵沂岭杀四虎

那汉子说："小的虽然姓李，可不是真的黑
Nà hànzi shuō : "Xiǎo de suīrán xìng Lǐ, kě búshì zhēnde hēi

旋风。因为爷爷江湖上有名，我才盗用，凡是单个
xuànfēng. Yīnwèi yéye jiānghú shàng yǒumíng, wǒ cái dàoyòng, fánshì dāngè

客人路过，听到黑旋风三个字，就会丢下行李逃跑，
kèrén lùguò, tīngdào hēixuànfēng sān ge zì, jiù huì diūxià xíngli táopǎo,

我便因此得利。小人自己的真名叫李鬼，就在前村
wǒ biàn yīncǐ dé lì. Xiǎorén zìjǐ de zhēnmíng jiào Lǐ Guǐ, jiù zài qián cūn

住。"李逵说："你这家伙抢劫不说，还坏我名声，
zhù." Lǐ Kuí shuō : "Nǐ zhè jiāhuo qiǎngjié bù shuō, hái huài wǒ míngshēng,

我要让你尝尝板斧的滋味!"说着从李鬼手中夺
wǒ yào ràng nǐ chángchang bǎnfǔ de zīwèi!" Shuō zhe cóng Lǐ Guǐ shǒuzhōng duó

过板斧就要砍。李鬼慌忙叫道："爷爷杀我一个，
guò bǎnfǔ jiùyào kǎn. Lǐ Guǐ huāngmáng jiào dào : "Yéye shā wǒ yí ge,

便是杀我两个。"李逵停住手问："这话怎讲?"李
biànshì shā wǒ liǎng ge." Lǐ Kuí tíngzhù shǒu wèn : "Zhè huà zěn jiǎng?" Lǐ

鬼说："我本不想干这事，只因家中有个九十岁老
Guǐ shuō : "Wǒ běn bù xiǎng gàn zhè shì, zhǐ yīn jiāzhōng yǒu ge jiǔshí suì lǎo

母，无人赡养，因此才借爷爷的大名吓唬人，其实
mǔ, wúrén shànyǎng, yīncǐ cái jiè yéye de dàmíng xiàhu rén, qíshí

我只抢些包裹行李，并没有害过人。如果爷爷把我
wǒ zhǐ qiǎng xiē bāoguǒ xíngli, bìng méiyǒu hài guo rén. Rúguǒ yéye bǎ wǒ

杀了，家中老母必然会饿死。"李逵暗想："我特地
shā le, jiāzhōng lǎomǔ bìrán huì èsǐ." Lǐ Kuí ànxiǎng : "Wǒ tèdì

回家来接娘，倒要杀一个养娘的人，罢罢罢，
huíjiā lái jiē niáng, dào yào shā yí ge yǎng niáng de rén, bà bà bà,

그 사내는 이렇게 말했다. "저는 성은 이가이오나 진짜 흑선풍은 아닙니다. 나으리께서 강호에서 유명하시기 때문에 제가 도용한 것인데, 단신 나그네가 길을 지나다가 흑선풍이라는 세 글자만 들으면 곧 짐을 버리고 달아나기에 제가 그 때문에 이득을 보았습니다. 저의 진짜 이름은 이귀이고 바로 앞마을에 삽니다요." 이규는 "너 이놈 강도짓은 그렇다 치더라도 내 명성까지 해쳤으니 내가 네놈에게 도끼 맛을 보여주어야겠다!" 하고 말하면서 이귀의 손에서 도끼를 빼앗아 찍으려고 하였다. 이귀는 황급히 소리쳤다. "나으리 저 하나를 죽이시면 저희 두 사람을 죽이시는 겁니다." 이규는 손을 멈추고 "그게 무슨 말이야?" 하고 묻자 이귀가 말했다. "저는 본래 이 일을 하고 싶지 않았습니다. 단지 집에 아흔 살 된 노모가 계신데 부양할 사람이 없어서 비로소 나으리의 존함을 빌어 사람들을 으른 것이고, 사실 저는 그저 짐 보따리나 좀 빼앗았을 뿐 결코 사람을 해친 적은 없습니다. 만약 나으리께서 저를 죽이시면 집에 계신 노모는 틀림없이 굶어죽으실 겁니다." 이규는 '내가 일부러 어머니를 모시러 집으로 돌아왔는데 도리어 어머니를 부양하는 사람을 죽이려고 하다니, 그만두자 그만둬.

盗用 dàoyòng 도용하다 ┃ 凡是 fánshì 만약 ~라면 ┃ 路过 lùguò 지나다, 통과하다 ┃ 逃跑 táopǎo 도망가다 ┃ 得利 dé lì 이익을 얻다 ┃ 名声 míngshēng 명성 ┃ 滋味 zīwèi 맛 ┃ 停住 tíngzhù 멈추다 ┃ 赡养 shànyǎng 부양하다 ┃ 暗想 ànxiǎng 속으로 생각하다 ┃ 罢 bà 그만두다

我饶了你这家伙性命吧！"便将他放开，李鬼倒头便

拜。李逵说："你既有孝顺之心，我给你十两银子

做本钱，你一定要改邪归正，回去做个小买卖。"

李鬼接了银子又磕了几个头走了。

李逵提了朴刀，沿偏僻小路行走，这时肚子又

饿又渴，四下望望没有人家。又走了一段路，才见

远处山凹里有两间草屋。李逵径直来到那家门口，

只见从里面走出一个妇人，鬓边插一簇野花，擦一

脸胭脂铅粉。李逵放下朴刀上前说："大嫂，我是

过路客人，肚中饥饿，找不到酒店，我给你几钱银

子，求你给我点酒饭吃。"那妇人看了看李逵说：

"酒没有地方买，饭可以做些给你吃。"李逵说："也

行，只是要多做些。"

내 네놈의 목숨을 살려주마!' 하고 생각하고 그를 놓아주었고, 이귀는 엎드려 절을 하였다. 이규가 말했다. "네가 효심이 있으니 내가 너에게 밑천으로 은자 10냥을 줄 터이니 너는 꼭 개과천선하여 돌아가 작은 장사나 해라." 이귀는 은자를 받고 또 몇 번 머리를 조아리고 떠났다.

이규는 박도를 들고 작은 외딴길을 따라 걸었는데, 이때는 배도 고프고 목도 말랐지만 사방을 둘러봐도 인가가 없었다. 또 얼마간 길을 가니 비로소 멀리 산이 오목하게 들어간 곳에 두 칸짜리 초가집이 보였다. 이규가 곧장 그 집 문 앞까지 오자 안에서 한 아낙네가 걸어 나왔는데, 귀밑머리에 들꽃 한 떨기를 꽂고 있었고 얼굴에는 온통 연지와 분을 바르고 있었다. 이규는 박도를 내려놓고 다가가 말했다. "아주머니, 저는 길 가는 나그네인데 배가 주린데 주막은 찾을 수 없고, 제가 아주머니께 은자 몇 푼 드릴 테니 제발 저에게 술과 밥을 좀 먹게 해 주세요." 그 아낙은 이규를 살펴보더니 말했다. "술은 살 곳이 없고, 밥은 좀 해서 자시게 해 드릴 수 있어요." 이규가 말했다. "그것도 좋습니다. 단지 좀 많이 해주세요."

放开 fàngkāi 놓아주다 ┃ **倒头** dǎotóu 엎드리다 ┃ **孝顺** xiàoshùn 효도하다 ┃ **本钱** běnqián 본전, 밑천 ┃ **改邪归正** gǎi xié guī zhèng 잘못을 고치고 바른 길로 돌아오다 ┃ **沿** yán ~를 따라(끼고) ┃ **偏僻** piānpì 궁벽하다 ┃ **四下** sìxià 사방 ┃ **山凹** shān'āo 산의 오목하게 들어간 곳 ┃ **径直** jìngzhí 곧장 ┃ **鬓** bìn 살쩍, 귀밑머리 ┃ **簇** cù 떨기, 무리, 떼 ┃ **野花** yěhuā 들꽃 ┃ **胭脂** yānzhi 연지 ┃ **铅粉** qiānfěn (옛날 부녀자의 화장에 사용되었던) 연백분(鉛白粉) ┃ **大嫂** dàsǎo 아주머니, 부인

那妇人道："做一升米不少吧？"李逵说："不
行，得做三升米。"说完便到屋后去解手。这时一
个汉子蹑手蹑脚从山后归来，那妇人把他让进后门。
只听那汉子说："今天真危险，差点见不着你，我
在林子里满心指望等个单身的过来，等来等去却等
来一个黑大汉，你猜他是谁？原来是那个真黑旋
风！我怎能打得过他？他把我打翻在地，非要杀我。
我骗他说，家里有九十岁老娘无人赡养，那家伙
信以为真，饶了我性命，还给我一锭银子做本钱，
让我重新做人。"

升 shēng 되 ｜ 解手 jiěshǒu 용변을 보다 ｜ 蹑手蹑脚 niè shǒu niè jiǎo 발소리를 죽여 조용히 걷는 모양 ｜ 危险 wēixiǎn 위험하다 ｜ 满心 mǎnxīn 진심으로, 충심으로 ｜ 指望 zhǐwàng 기대하다 ｜ 猜 cāi 알아맞히다 ｜ 信以为真 xìn yǐ wéi zhēn 정말이라고 믿다 ｜ 锭 dìng (금속 등의) 덩어리 ｜ 做人 zuòrén (올바른) 사람이 되다

그 부인이 말했다. "쌀 한 되 하면 안 모자라겠지요?" 이규가 말했다. "안 돼요. 쌀 세 되는 해야 돼요." 말을 마치고는 집 뒤로 용변을 보러 갔다. 이때 한 사내가 살금살금 산 뒤쪽에서 돌아왔는데, 그 아낙은 그를 뒷문으로 들어오게 했다. 문 득 들으니 그 사내가 이렇게 말하는 것이었다. "오늘 정말 위험했어. 하마터면 당 신을 못 볼 뻔했다구. 내가 숲에서 단신 나그네가 오기를 잔뜩 기대하며 기다렸는 데, 계속 기다리다보니 뜻밖에 한 검고 큰 사내가 왔는데, 당신 그가 누구였는지 알아? 다른 사람이 아니라 그 진짜 흑선풍이였던 거야! 내가 어떻게 그 자를 싸워 이길 수가 있어? 그자는 나를 바닥에 때려눕히고 나를 기어코 죽이려고 했지. 내 가 그에게 집에 아흔 살 된 노모가 있는데 부양할 사람이 없다고 거짓말을 하니까 그놈은 정말로 믿고 내 목숨을 살려주고, 게다가 나한테 밑천 삼으라고 은괴 하나 를 주면서 새 사람이 되라는 거야."

那妇人说："刚才有个黑大汉来到家里，正叫
Nà fùrén shuō : "Gāngcái yǒu ge hēi dàhàn láidào jiālǐ, zhèng jiào

我给他做饭吃，你去看看。如果是他，就去找些麻
wǒ gěi tā zuòfàn chī, nǐ qù kànkan. Rúguǒ shì tā, jiù qù zhǎo xiē má-

醉药来，放在菜里，我们把他杀了，然后拿他的银子，
zuìyào lái, fàngzài càili, wǒmen bǎ tā shā le, ránhòu ná tā de yínzi,

搬到县里去住。"李逵听后怒不可遏，一闪身转到
bāndào xiànli qù zhù." Lǐ Kuí tīng hòu nù bù kě è, yì shǎn shēn zhuǎndào

门后，李鬼正要出门，被李逵当胸揪住。李逵把李
mén hòu, Lǐ Guǐ zhèngyào chūmén, bèi Lǐ Kuí dāng xiōng jiūzhù. Lǐ Kuí bǎ Lǐ

鬼按在地上，拔出腰刀，一下便割下他的头，再进
Guǐ àn zài dìshàng, báchū yāodāo, yíxià biàn gēxià tā de tóu, zài jìn

屋搜看，那妇人已经不知跑到哪里去了，往锅里一
wū sōukàn, nà fùrén yǐjing bù zhī pǎodào nǎli qù le, wǎng guōli yí

看，米饭早熟了。李逵吃饱了肚子，又从李鬼身上
kàn, mǐfàn zǎo shóu le. Lǐ Kuí chī bǎo le dùzi, yòu cóng Lǐ Guǐ shēnshang

搜出那锭银子，把他尸首拖进屋子里，放了把火，
sōuchū nà dìng yín zi, bǎ tā shīshǒu tuōjìn wūzili, fàng le bǎ huǒ,

提了朴刀，便大步而去。
tí le pōdāo, biàn dàbù ér qù.

李逵回到家，看见母亲因为想念他，双眼已哭
Lǐ Kuí huídào jiā, kànjiàn mǔqīn yīnwèi xiǎngniàn tā, shuāngyǎn yǐ kū-

瞎了，心里非常难受，便安慰娘说："铁牛现在做
xiā le, xīnli fēicháng nánshòu, biàn ānwèi niáng shuō : "Tiěniú xiànzài zuò

了官，特地来接娘去享福。"娘说："这回可好了，
le guān, tèdì lái jiē niáng qù xiǎngfú." Niáng shuō : "Zhè huí kě hǎo le,

总算熬出头了。"
zǒngsuàn áochū tóu le."

그 아낙이 말했다. "방금 까맣고 큰 사내 하나가 집에 와서 나더러 자기한테 밥을 지어 먹여달라고 하고 있는데, 당신이 가서 한번 보세요. 만약 그놈이면 가서 마취약을 가져다 요리 안에 넣어서 그놈을 죽이고, 그런 다음에 그놈의 은자를 가지고 현으로 이사 가 살자구요." 이규는 이 말을 듣고 화가 머리끝까지 뻗쳐, 재빨리 몸을 문 뒤로 숨겼다. 이귀가 막 문을 나서려다 이규에게 멱살을 잡혔다. 이규는 이귀를 바닥에 눌러놓고 요도를 뽑아 단번에 그의 목을 베었다. 다시 집안으로 들어가 여기저기를 뒤졌지만, 그 아낙은 이미 어디로 도망쳤는지 알 수가 없었다. 솥 안을 들여다보니 밥이 이미 익어 있었다. 이규는 배불리 먹고 또 이귀의 몸에서 그 은괴를 찾아내고는, 그의 시체를 집안에 끌어다 넣고 횃불을 하나 놓은 다음 박도를 들고 큰 걸음으로 나왔다.

이규가 집에 돌아와 보니 어머니는 그리움에 울다가 두 눈이 이미 멀어 있었다. 너무나 가슴이 아파 어머니를 위로하며 말했다. "철우가 이제 관리가 되어서 일부러 어머니를 모시고 가서 행복하게 해드리려고 왔어요." 어머니가 말했다. "이번에 정말 잘됐구나. 결국 고생한 끝에 보람이 있구나."

麻醉药 mázuìyào 마취약 ┃ **怒不可遏** nù bù kě è 분노를 억누르지 못하다 ┃ **转** zhuǎn 돌다 ┃ **当** dāng ~을 향하다 ┃ **一下(子)** yíxià(zi) 단번, 일시, 돌연 ┃ **搜看** sōukàn 여기저기를 수색하다 ┃ **锅** guō 솥 ┃ **熟** shóu (음식이) 익다 ┃ **尸首** shīshǒu 시체 ┃ **瞎** xiā 눈이 멀다 ┃ **难受** nánshòu 괴롭다, 참을 수 없다 ┃ **安慰** ānwèi 위로하다 ┃ **享福** xiǎngfú 복을 누리다 ┃ **总算** zǒngsuàn 전체적으로 보아 ~한 셈이다 ┃ **熬出头(来)** áochū tóu (lái) 오랫동안 참고 견디어 가까스로 고난에서 벗어나다

这时李逵的哥哥李达提了一罐子饭进来了，
Zhèshí Lǐ Kuí de gēge Lǐ Dá tí le yí guànzi fàn jìnlái le,

说："娘呀，别信他的话，当初他杀了人，却叫我
shuō : "Niáng ya, bié xìn tā de huà, dāngchū tā shā le rén, què jiào wǒ

替他披枷带锁，受尽了苦。我听说他现在和梁山泊
tì tā pī jiā dài suǒ, shòujìn le kǔ. Wǒ tīngshuō tā xiànzài hé Liángshānpō

的强盗同伙，官府正追捕他哩！"说完扔下饭罐转
de qiángdào tónghuǒ, guānfǔ zhèng zhuībǔ tā li!" Shuōwán rēngxià fànguàn zhuǎn-

身走了。李逵估计哥哥去报官了，便留下五十两银
shēn zǒu le. Lǐ Kuí gūjì gēge qù bàoguān le, biàn liúxià wǔshí liǎng yín-

子放在床上，然后背上娘出门沿小路跑了。
zi fàngzài chuángshang, ránhòu bèishàng niáng chūmén yán xiǎolù pǎo le.

李逵一口气把娘背到沂岭。娘在背上要水喝，
Lǐ Kuí yìkǒuqì bǎ niáng bèidào Yílǐng. Niáng zài bèishàng yào shuǐ hē,

李逵把娘放到松树旁的大青石上，朴刀插在一
Lǐ Kuí bǎ niáng fàngdào sōngshù páng de dàqīngshí shàng, pōdāo chāzài yì

边，嘱咐娘别动，他去找水。
biān, zhǔfù niáng bié dòng, tā qù zhǎo shuǐ.

　이때 이규의 형 이달이 밥 한 통을 들고 들어와 말했다. "어머니, 저애 말을 믿지 마세요. 당초 재가 사람을 죽이고 오히려 내가 자기대신 칼을 쓰고 쇠고랑을 차고 갖은 고생을 하게 했다구요. 들으니 재는 지금 양산박의 도적들과 한패가 되어 관아에서 재를 수배하고 있대요!" 말을 마치고 밥통을 던져놓고 뒤돌아 가버렸다. 이규는 형이 관아에 고발하러 갔음을 짐작하고는, 은자 50냥을 침상 위에 남겨두고서 어머니를 업고 문을 나와 작은 길을 따라 달아났다.

　이규는 어머니를 업고 단숨에 기령까지 왔다. 어머니가 등뒤에서 물을 마시고 싶다고 하자 이규는 어머니를 소나무 옆에 있는 큰 청석에 내려놓고, 박도를 한쪽에 꽂아놓고는, 어머니에게 움직이지 말라고 당부하고 물을 찾으러 갔다.

罐子 guànzi 양철통, 단지 ┃ **披枷带锁** pī jiā dài suǒ 죄인에게 칼을 채우고 쇠사슬로 묶다. 감옥에 갇히다 ┃ **受苦** shòukǔ 고통을 받다 ┃ **同伙** tónghuǒ 패거리에 들다 ┃ **追捕** zhuībǔ 추적(추격)하여 붙잡다 ┃ **嘱咐** zhǔfù 당부하다, 분부하다

沿着水声，转过两三处山脚，李逵终于看到
Yán zhe shuǐshēng, zhuǎnguò liǎngsān chù shānjiǎo, Lǐ Kuí zhōngyú kàndào

一湾好溪水。走到溪边捧起水来，先尝了几口，心
yì wān hǎo xīshuǐ. Zǒudào xībiān pěngqǐ shuǐ lái, xiān cháng le jǐ kǒu, xīn

想用什么给娘舀水吃？远远望见山顶上有座
xiǎng yòng shénme gěi niáng yǎo shuǐ chī? Yuǎnyuǎn wàngjiàn shāndǐng shang yǒu zuò

庙，进了庙一看，里面有只香炉，便抱到溪边洗干
miào, jìn le miào yí kàn, lǐmiàn yǒu zhī xiānglú, biàn bàodào xībiān xǐ gān-

净，装了半炉水，双手举着，按原路走上岭来。
jìng, zhuāng le bàn lú shuǐ, shuāngshǒu jǔ zhe, àn yuánlù zǒushàng lǐng lái.

到了松树下，大青石上却不见了娘，只有朴刀
Dào le sōngshù xià, dà qīngshí shang què bú jiàn le niáng, zhǐyǒu pōdāo

还插在那里。李逵叫了几声也没人应。李逵慌了，
hái chāzài nàli. Lǐ Kuí jiào le jǐ shēng yě méi rén yìng. Lǐ Kuí huāng le,

丢了香炉，睁大眼睛四下里看，发现草地上有摊
diū le xiānglú, zhēng dà yǎnjing sìxià lǐ kàn, fāxiàn cǎodì shang yǒu tān

血迹，沿着血迹寻找，看到一个大洞口，只见两只
xuèjì, yán zhe xuèjì xúnzhǎo, kàndào yí ge dà dòngkǒu, zhǐ jiàn liǎng zhī

小虎正在舔一条人腿。
xiǎo hǔ zhèngzài shì yì tiáo rén tuǐ.

물소리를 따라 산기슭 두어 곳을 돌아서 이규는 마침내 좋은 시냇물을 발견했다. 냇가로 가서 두 손으로 물을 담아올려 먼저 몇 모금을 맛보고, 속으로 무엇으로 어머니께 물을 떠다 마시게 해드리나 하고 생각했다. 저 멀리 산꼭대기에 절이 하나 있는 것을 보고 절에 들어가 보니 안에 향로가 하나 있어, 그것을 안고 냇가로 와서 깨끗이 씻고 물을 반쯤 담아 두 손으로 들고 왔던 길을 따라 산으로 올라왔다.

그 소나무 아래로 왔더니 큰 청석 위에 어머니는 보이지 않고 박도만이 아직 그곳에 꽂혀 있었다. 이규는 몇 차례 외쳐봤지만 아무런 대답이 없었다. 이규는 당황하여 향로를 버리고 눈을 크게 뜨고 사방을 살펴보다 풀밭에 한 덩이의 핏자국이 있는 것을 발견했다. 핏자국을 따라 찾다가 큰 동굴을 하나 발견했는데, 새끼 호랑이 두 마리가 마침 사람 다리 하나를 핥고 있는 것이 보였다.

山脚 shānjiǎo 산기슭 ┃ 终于 zhōngyú 결국, 마침내 ┃ 湾 wān 물굽이 ┃ 溪水 xīshuǐ 시냇물 ┃ 香炉 xiānglú 향로 ┃ 按 àn ~에 따라서, ~대로 ┃ 睁 zhēng 눈을 뜨다 ┃ 草地 cǎodì 풀밭 ┃ 摊 tān 무더기, 웅덩이 [액체가 괴어 있는 것이나 진흙 따위가 한 곳에 엉겨있는 것을 세는 데 씀] ┃ 洞口 dòngkǒu 동굴의 입구 ┃ 舐 shì 핥다

李逵不禁心头火起，跨进洞去，举起朴刀，
Lǐ Kuí bùjīn xīntóu huǒ qǐ, kuàjìn dòng qù, jǔqǐ pōdāo,

一刀一个，杀死了两只小老虎。这时一只母老虎
yì dāo yí ge, shāsǐ le liǎng zhī xiǎo lǎohǔ. Zhèshí yì zhī mǔ lǎohǔ

张牙舞爪奔李逵而来，李逵拔出腰刀，顺势一刀捅
zhāng yá wǔ zhǎo bèn Lǐ Kuí ér lái, Lǐ Kuí báchū yāodāo, shùnshì yì dāo tǒng-

进老虎肚子里，老虎身上带着刀，滚到山岩下面
jìn lǎohǔ dùzi li, lǎohǔ shēnshang dài zhe dāo, gǔndào shānyán xiàmian

去了。
qù le.

이규는 자기도 모르게 화가 치밀어 동굴 안으로 성큼 들어가 박도를 들고 한 칼에 하나씩 그 새끼 호랑이 두 마리를 죽여버렸다. 이때 어미 호랑이가 이빨을 드러내고 발톱을 치켜세우며 이규를 향해 달려왔다. 이규는 요도를 뽑아 기세를 타서 칼로 호랑이의 배를 푹 찔렀고, 호랑이는 몸에 칼을 꽂은 채로 높은 산 아래로 굴러 떨어졌다.

跨进 kuàjìn 크게 내딛다, 들어서다 ┃ 张牙舞爪 zhāng yá wǔ zhǎo (야수가) 이를 드러내고 발톱을 치켜세우다 ┃ 顺势 shùnshì 추세를 따르다 ┃ 捅 tǒng 찌르다 ┃ 山岩 shānyán 험준하고 높은 산

李逵正要赶上去，只见一阵狂风，接着又跳出
Lǐ Kuí zhèngyào gǎn shàngqù, zhǐ jiàn yí zhèn kuángfēng, jiēzhe yòu tiàochū

一只吊睛白额虎来。那老虎朝李逵猛地一扑，李逵
yì zhī diàojīng bái é hǔ lái. Nà lǎohǔ cháo Lǐ Kuí měngde yì pū, Lǐ Kuí

不慌不忙，举起朴刀，趁着那老虎的来势，扑哧一
bù huāng bù máng, jǔqǐ pōdāo, chènzhe nà lǎohǔ de láishì, pūchī yì

刀，正中老虎的气管，那虎后退五六步，只听一声
dāo, zhèng zhòng lǎohǔ de qìguǎn, nà hǔ hòutuì wǔliù bù, zhǐ tīng yì shēng

巨响，如天塌地陷一般，顿时死在山岩下。
jùxiǎng, rú tiān tā dì xiàn yìbān, dùnshí sǐ zài shānyán xià.

李逵收拾了娘剩下的尸骨，用布衫包了，大哭
Lǐ Kuí shōushi le niáng shèngxià de shīgǔ, yòng bùshān bāo le, dà kū

一场，在庙后掘了土坑埋葬了。
yì chǎng, zài miào hòu jué le tǔkēng máizàng le.

이규가 막 쫓아가려는데 일진광풍이 불더니 이어서 또 눈이 치켜 올라가고 이마가 흰 호랑이 한 마리가 튀어나오는 것이었다. 그 호랑이는 이규를 향해 급히 달려들었는데, 이규는 침착하게 박도를 들어 그 호랑이가 달려드는 기세를 이용해 푹 하고 칼로 한 번 찔렀는데 그대로 호랑이의 숨통에 꽂혔다. 그 호랑이는 대여섯 걸음을 물러섰고, 천지가 무너지는 듯한 큰 소리가 한차례 들리더니 바로 높은 산 아래서 죽고 말았다.

이규는 어머니의 남은 유골을 수습하여 베적삼으로 싸고는, 한바탕 대성통곡을 하고 절 뒤편에 구덩이를 파서 매장하였다.

不慌不忙 bù huāng bù máng 침착하다 │ **来势** láishì 밀려오는 기세 │ **扑哧** pūchī 픽, 피, 쏴 [공기나 김이 빠지는 소리] │ **气管** qìguǎn 기관, 숨통 │ **后退** hòutuì 후퇴(하다) │ **天塌地陷** tiān tā dì xiàn 천지가 무너지다 │ **顿时** dùnshí 갑자기, 바로 │ **尸骨** shīgǔ 유골 │ **掘** jué 파다 │ **埋葬** máizàng 매장하다

1   **본문을 읽고 다음 물음에 답하시오.**

(1) 下列词中"胡作非为"的同义词是——

     A. 无恶不作   B. 为非作歹   C. 胡说八道

(2) 起初李逵为什么没杀李鬼?

     A. 因为他同情李鬼

     B. 因为他打不过李鬼

     C. 因为他和李鬼原来是个好朋友

(3) 后来李逵为什么要杀李鬼夫妻?

     A. 为了拿他们的银子

     B. 因为他们没给李逵做饭吃

     C. 因为他们骗了李逵，又要杀他

2   **녹음을 듣고 빈칸에 들어갈 말을 써 넣으시오.**

(1) 宴席上公孙胜(   )，也想起了自己的母亲，便向众首领请假回乡(   )。

(2) "你这家伙(   )不说，还坏我名声，我要让你尝尝板斧的(   )！"

(3) "我骗他说，家里有九十岁老娘无人(   )，那家伙(   )，饶了我性命。"

3 다음 문장을 자연스러운 우리말로 옮기시오.

(1) 这时一个汉子蹑手蹑脚从山后归来，那妇人把他让进后门。

➡

(2) 李逵收拾了娘剩下的尸骨，用布衫包了，大哭一场，在庙后掘了
土坑埋葬了。

➡

4 다음 문장을 자연스러운 중국어로 옮기시오.

(1) "일을 끌어서는 안 되니 저는 오늘 당장 가겠습니다."

➡

(2) "방금 까맣고 큰 사내 하나가 집에 와서 나더러 자기한테 밥을 지
어 먹여달라고 하고 있어요."

➡

12

宋公明三打祝家庄

　　宋江带一支人马去打祝家庄，在独龙山前安
Sòng Jiāng dài yì zhī rénmǎ qù dǎ Zhùjiāzhuāng, zài Dúlóngshān qián ān

营扎寨。宋江和花荣商量说："听说祝家庄道
yíng zhā zhài. Sòng Jiāng hé Huā Róng shāngliáng shuō : "Tīngshuō Zhùjiāzhuāng dào-

路曲折复杂，我们可以先派两个人去打探打探。"
lù qūzhé fùzá, wǒmen kěyǐ xiān pài liǎng ge rén qù dǎtàndǎtàn."

李逵说："哥哥，兄弟闲了很久，叫我去吧。"宋江
Lǐ Kuí shuō : "Gēge, xiōngdì xián le hěn jiǔ, jiào wǒ qù ba." Sòng Jiāng

考虑到这是细致差事，便派石秀和杨林前往。
kǎolǜ dào zhè shì xìzhì chāishì, biàn pài Shí Xiù hé Yáng Lín qiánwǎng.

　　第二天，石秀扮作卖柴的，挑了担柴先走，走
Dì èr tiān, Shí Xiù bànzuò mài chái de, tiāo le dànchái xiān zǒu, zǒu

不到二十里路，见路径曲折，树木丛生，难以辨认，
bú dào èrshí lǐ lù, jiàn lùjìng qūzhé, shùmù cóngshēng, nányǐ biànrèn,

正发愁的时候，忽然看见杨林头戴斗笠，身穿法衣，
zhèng fāchóu de shíhou, hūrán kànjiàn Yáng Lín tóu dài dǒulì, shēn chuān fǎyī,

装扮成法师走过来。石秀见四周无人，对杨林说：
zhuāngbàn chéng fǎshī zǒu guòlái. Shí Xiù jiàn sìzhōu wúrén, duì Yáng Lín shuō :

"这里的路弯弯曲曲复杂难行，我该怎么走？"
"Zhèlǐ de lù wānwānqūqū fùzá nán xíng, wǒ gāi zěnme zǒu?"

송공명이 축가장을 세 번 공격하다

송강은 한 무리의 인마를 이끌고 축가장을 공격하러 가서 독룡산 앞에 진지를 구축하였다. 송강은 화영과 상의하며 말했다. "축가장은 길이 구불구불하고 복잡하다고 하니, 먼저 두 사람을 보내 탐색을 하는 것이 좋겠습니다." 이규가 말했다. "형님, 제가 오랫동안 쉬었으니 제가 가도록 해주십시오." 송강은 그것이 빈틈없어야 하는 임무임을 고려해 석수와 양림이 가도록 보냈다.

이튿날 석수는 땔감 장수처럼 분장하고 땔감을 한 짐 메고 먼저 떠났다. 20리 길을 못 가서 길이 구불구불하고 수목이 빽빽이 자라 분간하기가 어려운 것을 보고 한창 걱정을 하고 있는데, 갑자기 양림이 머리에 삿갓을 쓰고 몸에는 가사를 입고 법사로 변장하여 걸어오는 것이 보였다. 석수는 사방에 아무도 없는 것을 보고 양림에게 말했다. "여기 길은 꼬불꼬불하고 복잡하여 가기 어려운데 어떻게 가야 할까?"

安营扎寨 ān yíng zhā zhài 군대가 막사를 치고 진지를 구축하여 주둔하다 ┃ 曲折 qūzhé 구불구불하다 ┃ 打探 dǎtàn 탐문하다, 알아보다 ┃ 闲 xián 한가하다, 할 일이 없다 ┃ 细致 xìzhì 꼼꼼하다, 치밀하다 ┃ 扮作 bànzuò 분장하다, 가장하다 ┃ 柴 chái 땔감 ┃ 路径 lùjìng 길 ┃ 丛生 cóngshēng (초목이) 떼 지어서 자라다 ┃ 辨认 biànrèn 분간하다 ┃ 斗笠 dǒulì 삿갓 ┃ 法衣 fǎyī 법의, 가사(袈裟) ┃ 装扮 zhuāngbàn 변장하다 ┃ 法师 fǎshī 법사 ┃ 四周 sìzhōu 사방 ┃ 弯弯曲曲 wānwānqūqū 꼬불꼬불하다

杨林说："不要管它，只拣大路走就是了。"石
Yáng Lín shuō : "Búyào guǎn tā, zhǐ jiǎn dàlù zǒu jiùshì le." Shí

秀挑起柴担继续前行，见有一村人家，好几处酒店
Xiù tiāoqǐ cháidàn jìxù qiánxíng, jiàn yǒu yì cūn rénjiā, hǎo jǐ chù jiǔdiàn

肉铺，每家店门前都插着刀枪，每人身上都穿一
ròupù, měi jiā diàn ménqián dōu chā zhe dāoqiāng, měi rén shēnshang dōu chuān yí

件黄背心，写个大大的"祝"字，往来行人也穿黄
jiàn huáng bèixīn, xiě ge dàdà de "Zhù" zì, wǎnglái xíngrén yě chuān huáng

背心。
bèixīn.

石秀问一位老人："这里是什么风俗，为什么
Shí Xiù wèn yí wèi lǎorén : "Zhèlǐ shì shénme fēngsú, wèishénme

都把刀枪插在门口？"老人说："你快走吧，这里
dōu bǎ dāoqiāng chāzài ménkǒu?" Lǎorén shuō : "Nǐ kuài zǒu ba, zhèlǐ

早晚要有一场大厮杀！"石秀装作要哭的样子，
zǎowǎn yào yǒu yì chǎng dà sīshā!" Shí Xiù zhuāngzuò yào kū de yàngzi,

说："小人原是贩枣子的，赔了本钱，捡了柴来这
shuō : "Xiǎorén yuán shì fàn zǎozi de, péi le běnqián, jiǎn le chái lái zhè-

里卖，如果厮杀起来，我出不去可怎么办？"那人
lǐ mài, rúguǒ sīshā qǐlái, wǒ chū bu qù kě zěnmebàn?" Nà rén

同情地说："你从村里走，不管道路宽窄，看见白
tóngqíng de shuō : "Nǐ cóng cūnli zǒu, bùguǎn dàolù kuānzhǎi, kànjiàn bái

杨树才能转弯，只要有白杨树便是活路，没树的
yángshù cáinéng zhuǎnwān, zhǐyào yǒu báiyángshù biànshì huólù, méi shù de

都是死路。那死路下都埋着竹签铁蒺藜，如果走错
dōu shì sǐlù. Nà sǐlù xià dōu mái zhe zhúqiān tiějílí, rúguǒ zǒu cuò

路，一定被捉。"
lù, yídìng bèi zhuō."

양림이 말했다. "그런 거 상관 말고 그저 큰 길을 골라 가면 돼." 석수가 땔감 짐을 메고 계속해서 앞으로 가다 보니 마을 하나가 보였는데, 많은 주점과 푸줏간 들은 집집마다 문 앞에 모두 칼과 창을 꽂아 놓았고, 사람들은 몸에 죄다 '축' 자 가 커다랗게 쓰여진 노란 조끼를 입고 있었으며, 지나다니는 행인들도 모두 노란 조끼를 입고 있었다.

석수는 한 노인에게 물었다. "여기는 무슨 풍속이기에 왜 다 칼과 창을 문 앞에 꽂아놨대요?" 노인이 말했다. "자네 빨리 가게. 여기는 조만간 한바탕 대 살육이 있을 거네!" 석수는 짐짓 울려고 하는 모습을 보이며 말했다. "소인은 원래 대추 장수인데 밑천을 잃고 땔감을 주워 여기에 팔러 왔는데, 만약 살육이 일어나서 빠 져나가지 못하게 되면 정말 어쩌죠?" 그 사람은 동정하며 말했다. "자네가 마을 을 통해 가려면 길이 넓든 좁든 백양나무가 보여야 비로소 모퉁이를 돌 수 있네. 백양나무가 있으면 무조건 살길이고 나무가 없는 곳은 모두 죽을 길이네. 그 죽을 길에는 모두 죽창과 마름쇠가 묻혀 있으니, 만약 길을 잘못 들어서면 어김없이 붙 잡히게 되네."

拣 jiǎn 고르다 │ 刀枪 dāoqiāng 칼과 창, 무기 │ 背心 bèixīn 조끼 │ 早晚 zǎowǎn 조만간 │ 赔 péi 손해를 보다 │ 宽窄 kuānzhǎi 너비, 폭 │ 白杨树 báiyángshù 백양나무 │ 转弯 zhuǎnwān 모퉁 이를 돌다 │ 活路 huólù 활로, 살길 │ 死路 sǐlù 막다른 길, 죽음의 길 │ 竹签 zhúqiān 대나무 꼬챙 이 │ 铁蒺藜 tiějílí 철질려, 마름쇠

正说着话，忽听有人说："捉到一个奸细。"石
Zhèng shuō zhe huà, hū tīng yǒurén shuō : "Zhuōdào yí ge jiānxi." Shí

秀举目一看，七八十个军人绑着一个人过来，原来
Xiù jǔmù yí kàn, qībāshí ge jūnrén bǎng zhe yí ge rén guòlái, yuánlái

是杨林。
shì Yáng Lín.

宋江不见石秀、杨林回来，又听说庄里捉了
Sòng Jiāng bú jiàn Shí Xiù、Yáng Lín huílái, yòu tīngshuō zhuāngli zhuō le

奸细，便下令出兵。大军杀到独龙冈，已是黄昏，
jiānxi, biàn xiàlìng chūbīng. Dàjūn shādào Dúlónggāng, yǐ shì huánghūn,

只见庄前吊桥高高拽起，庄门里一片黑暗。宋
zhǐ jiàn zhuāng qián diàoqiáo gāogāo zhuàiqǐ, zhuāngmén li yí piàn hēi'àn. Sòng

江猛醒，知道中计，果然一声炮响，独龙冈上火把
Jiāng měngxǐng, zhīdào zhòngjì, guǒrán yì shēng pào xiǎng, Dúlónggāng shang huǒbǎ

齐明，城门楼上乱箭如雨。宋江在马上一看，四下
qí míng, chéngménlóu shàng luàn jiàn rú yǔ. Sòng Jiāng zài mǎshang yí kàn, sìxià

里都有埋伏，便令众军往大路杀过去，走了一遭又
li dōu yǒu máifú, biàn lìng zhòngjūn wǎng dàlù shā guòqù, zǒu le yì zāo yòu

转回来，原来进了盘陀路。宋江便叫军马朝火把亮
zhuàn huílái, yuánlái jìn le pántuólù. Sòng Jiāng biàn jiào jūnmǎ cháo huǒbǎ liàng

处走，走不多一会儿，前面军队喊叫说净是竹签、
chù zǒu, zǒu bùduō yíhuìr, qiánmian jūnduì hǎnjiào shuō jìng shì zhúqiān、

铁蒺藜。宋江叹道："莫非天意要我死！"
tiějílí. Sòng Jiāng tàn dào : "Mòfēi tiānyì yào wǒ sǐ!"

말을 하고 있는데 갑자기 누군가 "첩자 한 놈을 잡았다." 하고 말하는 것이 들렸다. 석수가 눈을 들어 보니 7~80명의 군인이 한 사람을 포박해 오고 있었는데, 다름 아닌 양림이었다.

송강은 석수와 양림이 돌아오지 않고 또 축가장에서 첩자를 잡았다는 말을 듣고는 곧 출병 명령을 내렸다. 대군이 독룡강까지 진격하자 이미 황혼이었고, 축가장 앞의 현수교는 이미 높이 들려져 있고 마을 문 안은 온통 어두컴컴했다. 송강은 문득 계략에 빠졌음을 깨달았는데, 아니나 다를까 대포 소리가 한 차례 울리더니 독룡강 위에 일제히 횃불이 밝혀지고 성문 위의 망루에서 화살이 비 오듯 어지럽게 날아왔다. 송강이 말 위에서 보니 사방에 모두 매복이 있어 군사들에게 큰길 쪽으로 돌격하라고 명했는데, 한 바퀴를 돌아 도로 제자리로 돌아오는 것이었다. 알고 보니 구불구불한 미로로 들어갔던 것이었다. 송강은 군마를 횃불이 밝혀진 곳을 향해 가게 했는데, 얼마 가지 못해 앞서가던 군대가 온통 죽창과 마름쇠 투성이라고 소리쳤다. 송강은 탄식하며 말했다. "하늘이 나를 죽이려고 하신단 말인가!"

妖细 jiānxi 첩자, 스파이 ｜ 举目 jǔmù 눈을 들어 보다 ｜ 出兵 chūbīng 출병하다 ｜ 杀 shā 돌진하다 ｜ 黄昏 huánghūn 황혼 ｜ 吊桥 diàoqiáo 현수교 ｜ 拽 zhuài 잡아당기다 ｜ 中计 zhòngjì 계략에 빠지다 ｜ 炮 pào 대포 ｜ 齐明 qí míng 일제히 밝히다 ｜ 乱箭如雨 luàn jiàn rú yǔ 화살이 비 오듯 어지럽게 날아오다 ｜ 一遭 yì zāo 한 바퀴 ｜ 盘陀路 pántuólù 구불구불하게 원을 그리며 도는 길 ｜ 净 jìng 오로지, 온통 ｜ 天意 tiānyì 하늘의 뜻

这时有人报："石秀来了！"石秀在宋江马前
Zhèshí yǒurén bào : "Shí Xiù lái le!" Shí Xiù zài Sòng Jiāng mǎ qián

说："哥哥别慌，我知道出路。"于是暗传将令，叫
shuō : "Gēge bié huāng, wǒ zhīdào chūlù." Yúshì àn chuán jiànglìng, jiào

三军只看有白杨树便转弯，不管路窄路宽，只认白
sānjūn zhǐ kàn yǒu báiyángshù biàn zhuǎnwān, bùguǎn lù zhǎi lù kuān, zhǐ rèn bái

杨树。大约走了五六里，前面贼兵越来越多，石秀
yángshù. Dàyuē zǒu le wǔliù lǐ, qiánmian zéibīng yuèláiyuè duō, Shí Xiù

说："哥哥看见那树影里的烛灯么？它们见我们向
shuō : "Gēge kànjiàn nà shùyǐng lǐ de zhúdēng me? Tāmen jiàn wǒmen xiàng

东，这烛灯便东扯，我们如果向西，他们便往西扯，
dōng, zhè zhúdēng biàn dōng chě, wǒmen rúguǒ xiàng xī, tāmen biàn wǎng xī chě,

想必这就是他们的号令。"宋江望着烛灯问："这可
xiǎngbì zhè jiùshì tāmen de hàolìng." Sòng Jiāng wàng zhe zhúdēng wèn : "Zhè kě

怎么办呢？"花荣说："这有什么难的！"说着，
zěnmebàn ne?" Huā Róng shuō : "Zhè yǒu shénme nán de!" Shuō zhe,

提起弓箭，打马向前，只一箭便将那烛灯射灭了。
tíqǐ gōngjiàn, dǎ mǎ xiàngqián, zhǐ yí jiàn biàn jiāng nà zhúdēng shèmiè le.

伏兵不见烛灯，都乱窜起来。宋江叫石秀带路杀出
Fúbīng bú jiàn zhúdēng, dōu luàncuàn qǐlái. Sòng Jiāng jiào Shí Xiù dàilù shāchū

村口。这时梁山接应的兵马已到，一场厮杀，双双
cūnkǒu. Zhèshí Liángshān jiēyīng de bīngmǎ yǐ dào, yì chǎng sīshā, shuāngshuāng

各自收兵。
gèzì shōubīng.

이때 누군가 "석수가 왔습니다!" 하고 보고했다. 석수는 송강의 말 앞에서 말했다. "형님 당황하지 마십시오. 제가 출로를 압니다." 그리하여 전군에게 백양나무가 있는 것을 보면 모퉁이를 돌고 길이 좁든 넓든 백양나무만 확인하도록 몰래 군령을 전하였다. 5~6리쯤 갔는데 앞쪽에 적군이 점점 더 많아지자 석수가 이렇게 말했다. "형님 저 나무 그림자 안의 촉등이 보이십니까? 저것들은 우리가 동쪽으로 가는 것을 보면 저 촉등을 동쪽으로 당기고, 우리가 서쪽으로 향하면 그들은 서쪽으로 당기는데, 저것이 바로 그들의 신호임이 틀림없습니다." 송강이 촉등을 바라보며 "저걸 어떡하지?" 하고 묻자 화영이 말했다. "그게 뭐 어려울 게 있겠습니까?" 말을 하면서 활과 화살을 들고 말을 후려치며 앞으로 나아가 단 한 발로 그 촉등을 쏘아 꺼뜨렸다. 복병들은 촉등이 보이지 않자 모두 이리저리 도망치기 시작했다. 송강은 석수에게 길을 안내하도록 하여 마을 어귀를 뚫고 나갔다. 이때 양산의 지원군이 이미 도착하여 한바탕 살육전을 치르고 양편은 각자 군대를 철수시켰다.

出路 chūlù 출로, 활로 | 将令 jiànglìng 군령 | 三军 sānjūn 군대, 전군 | 贼兵 zéibīng 적군 | 树影 shùyǐng 나무의 그림자 | 烛灯 zhúdēng 촉등, 촛등 | 扯 chě 끌어당기다 | 想必 xiǎngbì 틀림없이 | 号令 hàolìng 호령하다 | 乱窜 luàncuàn 이리저리 도망치다 | 带路 dàilù 길을 안내하다 | 村口 cūnkǒu 마을 어귀 | 接应 jiēyìng (전투·운동경기에서 자기편과) 호응하여 행동하다, 지원하다 | 各自 gèzì 각자 | 收兵 shōubīng 군대를 철수하다, 휴전하다

回到寨中不久，宋江带领众头领，亲自做先
Huídào zhài zhōng bùjiǔ, Sòng Jiāng dàilǐng zhòng tóulǐng, qīnzì zuò xiān

锋，再次攻打。前面一面大红旗引着四个头领、
fēng, zàicì gōngdǎ. Qiánmian yí miàn dà hóngqí yǐn zhe sì ge tóulǐng、

一百五十骑兵、一千步军，杀奔祝家庄。独龙冈前
yìbǎiwǔshí qíbīng、yìqiān bùjūn, shā bèn Zhùjiāzhuāng. Dúlónggāng qián

宋江刚勒住马，只见一彪骑兵呐喊着杀来，当中簇
Sòng Jiāng gāng lèzhù mǎ, zhǐ jiàn yì biāo qíbīng nàhǎn zhe shālái, dāngzhōng cù

拥着一员女将，正是扈家庄一丈青[1]扈三娘。宋
yōng zhe yì yuán nǚjiàng, zhèngshì Hùjiāzhuāng yízhàngqīng Hù Sānniáng. Sòng

江说："听说扈家庄有一个女将，非常厉害，想必
Jiāng shuō : "Tīngshuō Hù jiāzhuāng yǒu yí ge nǚjiàng, fēicháng lìhai, xiǎngbì

就是她吧？谁敢前去迎敌？"王矮虎喊了一声："我
jiùshì tā ba? Shéi gǎn qiánqù yíngdí?" Wáng Ǎihǔ hǎn le yì shēng : "Wǒ

愿意去！"催马向前，两个人斗了十多个回合，王
yuànyì qù!" Cuī mǎ xiàngqián, liǎng ge rén dòu le shí duō ge huíhé, Wáng

矮虎枪法就乱了。一丈青挥动双刀，上下直砍，王
Ǎihǔ qiāngfǎ jiù luàn le. Yízhàngqīng huīdòng shuāng dāo, shàngxià zhí kǎn, Wáng

矮虎拨回马头正想走，却被一丈青掀下马来，活捉
Ǎihǔ bōhuí mǎtóu zhèng xiǎng zǒu, què bèi yízhàngqīng xiānxià mǎ lái, huózhuō

了去。
le qù.

　　진영으로 돌아온 지 얼마 안 되어 송강은 두령들을 데리고 친히 선봉이 되어 다시 공격을 하였다. 큰 붉은 깃발이 선두에 서서 네 명의 두령과 150명의 기병, 천 명의 보병을 이끌고 축가장으로 돌격하였다. 독룡강 앞에서 송강이 말을 멈춰 세웠을 때 한 무리의 기병이 함성을 지르며 돌진해 오는데, 그 중간에 한 여장수를 옹위하고 있었으니 다름 아닌 호가장의 일장청 호삼낭이었다. 송강이 말했다. "호가장에 아주 대단한 여장수가 하나 있다고 들었는데 분명 저 여자겠지? 누가 용감히 나가 대적하겠는가?" 왕왜호가 "제가 가고 싶습니다!" 하고 소리치고는 말을 재촉해 앞으로 나아갔는데, 두 사람이 십여 합을 겨루자 왕왜호의 창술이 흐트러졌다. 일장청이 쌍칼을 휘두르며 아래위로 계속 베었고, 왕왜호가 말머리를 돌려 도망가려다가 그만 일장청에게 잡혀 말에서 떨어지고 산 채로 잡혀갔다.

1　一丈青 : 일장청. 키가 큰 사람이라는 뜻의 별명.

先锋 xiānfēng 선봉　|　**攻打** gōngdǎ 공격하다　|　**骑兵** qíbīng 기병　|　**步军** bùjūn 보병　|　**勒住** lèzhù 멈춰 세우다　|　**彪** biāo 부대, 대오 [군마의 대오를 세는 단위]　|　**厉害** lìhai 사납다, 대단하다　|　**迎敌** yíngdí 적을 맞아 싸우다　|　**枪法** qiāngfǎ 창술　|　**挥动** huīdòng 휘두르다　|　**拨** bō (방향이나 의견 따위를) 바꾸다, 돌리다　|　**活捉** huózhuō 사로잡다

宋江人马进不了祝家庄，宋江便召集人马，
Sòng Jiāng rénmǎ jìn bu liǎo Zhùjiāzhuāng, Sòng Jiāng biàn zhàojí rénmǎ,

边战边走。刚走不远，一丈青飞马赶来，宋江措
biān zhàn biān zǒu. Gāng zǒu bù yuǎn, yízhàngqīng fēi mǎ gǎnlái, Sòng Jiāng cuò

手不及，拍马往东，一丈青眼看要追上宋江了，只
shǒu bù jí, pāi mǎ wǎng dōng, yízhàngqīng yǎnkàn yào zhuīshàng Sòng Jiāng le, zhǐ

听山坡上有人大叫："婆娘要赶我哥哥去哪里？"
tīng shānpōshang yǒurén dà jiào : "Póniáng yào gǎn wǒ gēge qù nǎlǐ?"

黑旋风李逵抢着两把板斧，带着七八十个小喽罗，
Hēixuánfēng Lǐ Kuí lūn zhe liǎng bǎ bǎnfǔ, dài zhe qībāshí ge xiǎolóuluo,

大步赶来，一丈青勒住马，往树林边上去，只见从
dàbù gǎnlái, yízhàngqīng lèzhù mǎ, wǎng shùlín biān shàngqù, zhǐ jiàn cóng

树林边上飞出十几匹马来，前边一个壮士正是豹
shùlín biānshang fēichū shíjǐ pǐ mǎ lái, qiánbiān yí ge zhuàngshì zhèngshì bào

子头林冲。一丈青飞刀纵马直奔林冲，林冲挺
zitóu Lín Chōng. Yízhàngqīng fēi dāo zòng mǎ zhí bèn Lín Chōng, Lín Chōng tǐng

枪迎战。两人斗不到十个回合，林冲放一丈青两
qiāng yíngzhàn. Liǎng rén dòu bú dào shí ge huíhé, Lín Chōng fàng yízhàngqīng liǎng

把刀砍进来，却将长矛逼住，赶过去，轻轻伸臂，
bǎ dāo kǎn jìnlái, què jiāng chángmáo bīzhù, gǎn guòqù, qīngqīng shēn bì,

把一丈青只一拽，活捉了过来。
bǎ yízhàngqīng zhǐ yí zhuài, huózhuō le guòlái.

拍 pāi 손바닥으로 치다 ┃ 眼看 yǎnkàn 곧, 이제 ┃ 婆娘 póniáng 여인에 대한 욕 ┃ 飞刀 fēi dāo 칼을 날렵하게 휘두르다 ┃ 挺 tǐng 들다 ┃ 迎战 yíngzhàn 맞아 나가서 싸우다 ┃ 矛 máo 창 ┃ 逼 bī 강박하다, 위협하다 ┃ 伸臂 shēn bì 팔을 뻗다

송강의 병마가 축가장에 진입하지 못하자 송강은 병마를 불러 모아 싸우면서 도주했다. 그리 얼마 멀리 가지 못했는데 일장청이 나는 듯이 말을 달려 쫓아왔고, 송강은 당황해 어찌할 바를 몰라 하며 말을 후려쳐 동쪽으로 향했다. 일장청이 거의 송강을 따라잡았을 때 산기슭에서 누군가 크게 외치는 것이 들렸다. "계집년이 우리 형님을 쫓아 어디로 가느냐?" 흑선풍 이규가 도끼 두 자루를 휘두르며 7~80명의 졸개들을 데리고 큰 걸음으로 쫓아오자, 일장청은 말을 멈춰 세우고 숲 근처로 달아났다. 그런데 갑자기 숲 근처에서 십여 필의 말이 날듯이 뛰어나왔고 앞쪽의 장사는 바로 표자두 임충이었다. 일장청은 칼을 날렵하게 휘두르며 말을 놓고는 임충에게 달려들었고, 임충은 창을 들고 맞서 싸웠다. 두 사람이 열 합도 못 겨뤘을 때 임충은 일장청이 칼 두 자루로 베며 들어오도록 놔두었다가, 장창으로 몰아붙이며 다가가 가볍게 팔을 뻗어 일장청을 단번에 낚아채 생포했다.

宋江见天色已晚，不敢恋战。祝家庄人马也收
Sòng Jiāng jiàn tiānsè yǐ wǎn, bùgǎn liàn zhàn. Zhùjiāzhuāng rénmǎ yě shōu-

回庄去。宋江见二打祝家庄非但没有成功还损
huí zhuāng qù. Sòng Jiāng jiàn èr dǎ Zhùjiāzhuāng fēidàn méiyǒu chénggōng hái sǔn

兵折将，心中烦闷，在帐中一直坐到天亮。
bīng zhé jiàng, xīnzhōng fánmèn, zài zhàng zhōng yìzhí zuòdào tiānliàng.

第二天，吴用带领五百将士赶来，对宋江说：
Dì èr tiān, Wú Yòng dàilǐng wǔbǎi jiàngshì gǎnlái, duì Sòng Jiāng shuō :

"这回祝家庄注定要失败了。"宋江问："军师有何
"Zhè huí Zhù jiāzhuāng zhùdìng yào shībài le." Sòng Jiāng wèn : "Jūnshī yǒu hé

妙计？"吴用说这条计策是不久前刚投奔梁山泊的
miàojì?" Wú Yòng shuō zhè tiáo jìcè shì bùjiǔ qián gāng tóubèn Liángshānpō de

登州兵马提辖孙立献上的见面礼。原来孙立和祝家
Dēngzhōu bīngmǎ tíxiá Sūn Lì xiànshàng de jiànmiànlǐ. Yuánlái Sūn Lì hé Zhùjiā-

庄教师爷栾廷玉是一个师父教的武艺。孙立说：
zhuāng jiàoshīyé Luán Tíngyù shì yí ge shīfu jiāo de wǔyì. Sūn Lì shuō :

"我只当调到郓州当官，过来看望，他必然出来迎
"Wǒ zhǐ dāng diàodào Yùnzhōu dāngguān, guòlái kànwàng, tā bìrán chūlái yíng-

接，我带一些人进去，里应外合，必成大事。"宋江
jiē, wǒ dài yìxiē rén jìnqù, lǐ yīng wài hé, bì chéng dà shì." Sòng Jiāng

听后连连点头。
tīng hòu liánlián diǎntóu.

송강은 날이 이미 저문 것을 보고 감히 더 싸우지 못하였다. 축가장의 인마도 마을로 철수했다. 송강은 두 차례 축가장을 공격하여 성공하지 못했을 뿐 아니라 병력 손실까지 입은 것을 보고는, 속으로 고민이 되어 막사 안에서 날이 새도록 앉아 있었다.

다음날 오용이 5백 명의 장병들을 이끌고 서둘러 와서 송강에게 말했다. "이번에 축가장은 틀림없이 실패할 겁니다." 송강이 물었다. "군사께 무슨 묘책이 있소?" 오용은 그 계책이 얼마 전 양산박에 투항한 등주의 마제할 손립이 바친 초면인사 예물이라고 말했다. 원래 손립은 축가장의 무술사범인 난정옥과 같은 사부에게서 무예를 배웠다. 손립이 말했다. "제가 운주의 관리로 파견되어 찾아왔다고 하면 그는 틀림없이 나와서 맞이할 것이니, 제가 사람들을 좀 데리고 들어가 안팎으로 호응하면 반드시 대사를 이룰 것입니다." 송강은 듣고 나서 연신 고개를 끄덕였다.

恋战 liànzhàn (전과를 탐내어) 싸움터를 떠나기 아쉬워하다 │ 损兵折将 sǔn bīng zhé jiàng 장병을 다 잃다, 패전하다 │ 烦闷 fánmèn 번민하다, 고민하다 │ 帐 zhàng 군영, 막사 │ 将士 jiàngshì 장교와 병사 │ 赶来 gǎnlái (늦지 않도록) 서둘러 오다 │ 注定 zhùdìng 필히, 필연적으로 │ 军师 jūnshī 군사 │ 计策 jìcè 계책 │ 见面礼 jiànmiànlǐ 초면인사, 첫 인사 때 주는 선물 │ 教师(爷) jiàoshī(yé) 옛날 무술 사범 │ 调 diào 전근하다, 이동하다 │ 里应外合 lǐ yīng wài hé 안팎에서 서로 호응하다

孙立连夜叫人做了一面大旗，上写"登州兵马
Sūn Lì liányè jiào rén zuò le yí miàn dàqí, shàng xiě "Dēngzhōu bīngmǎ

提辖孙立"，第二天领了一班人马，来到祝家庄后
tíxiá Sūn Lì", dì èr tiān lǐng le yìbān rénmǎ, láidào Zhùjiāzhuāng hòu-

门前。栾廷玉听说是登州孙提辖，便开了庄门，放
mén qián. Luán Tíngyù tīngshuō shì Dēngzhōu Sūn tíxiá, biàn kāi le zhuāng mén, fàng

下吊桥，出来迎接。庄主祝朝奉和祝家三子祝虎、
xià diàoqiáo, chūlái yíngjiē. Zhuāngzhǔ Zhù Cháofèng hé Zhù jiā sān zǐ Zhù Hǔ、

祝龙、祝彪，看见孙立有老又有小，还有许多行李，
Zhù Lóng、Zhù Biāo, kànjiàn Sūn Lì yǒu lǎo yòu yǒu xiǎo, hái yǒu xǔduō xíngli,

又是栾廷玉的师兄弟，哪里有疑心？只顾杀猪宰羊，
yòu shì Luán Tíngyù de shīxiōngdì, nǎli yǒu yíxīn? Zhǐ gù shā zhū zǎi yáng,

热情款待。
rèqíng kuǎndài.

　　过了两天，宋江兵马杀来，孙立为取得更大
　　Guò le liǎng tiān, Sòng Jiāng bīngmǎ shālái, Sūn Lì wèi qǔdé gèng dà

信任，亲自披挂上阵与石秀大战五十回合，最后将
xìnrèn, qīnzì pīguà shàngzhèn yǔ Shí Xiù dàzhàn wǔshí huíhé, zuìhòu jiàng

石秀活捉，回到山庄。孙立问："一共捉住几个山
Shí Xiù huózhuō, huídào shānzhuāng. Sūn Lì wèn : "Yígòng zhuōzhù jǐ ge shān-

贼？"祝朝奉说："连石秀一共七人。"孙立说："一
zéi?" Zhù Cháofèng shuō : "Lián Shí Xiù yígòng qī rén." Sūn Lì shuō : "Yí

个也不要伤了他，快做七辆囚车，等到捉了宋江，
ge yě búyào shāng le tā, kuài zuò qī liàng qiúchē, děngdào zhuō le Sòng Jiāng,

一齐押到东京去，好为祝家庄扬名天下。"
yìqí yādào Dōngjīng qù, hǎo wèi Zhùjiāzhuāng yángmíng tiānxià."

손립은 사람들에게 밤을 세워 큰 깃발을 하나 만들어 그 위에 '등주 병마제할 손립'이라고 쓰게 하고, 이튿날 한 무리의 인마를 이끌고 축가장의 후문 앞에 왔다. 난정옥은 등주 손제할이라는 말을 듣고 곧 마을 문을 열고 현수교를 내려 나와 맞이하였다. 장주 축조봉과 축가의 세 아들 축호, 축룡, 축표는 손립이 노인과 어린이를 데리고 있는 데다 짐이 많고, 또 난정옥과 동문 선후배인 것을 보고 아무런 의심을 하지 않았다. 그저 돼지와 양을 잡아 열렬히 환대하는 데만 열중했다.

이틀이 지나 송강의 군대가 진격해 오자, 손립은 더욱 큰 신임을 얻기 위해 직접 무장을 하고 출전하여 석수와 50합을 크게 싸워서, 결국 석수를 생포하여 산장으로 돌아왔다. 손립이 "다 해서 산적 몇 놈을 잡았습니까?" 하고 묻자 축조봉은 "석수까지 모두 일곱 명이오." 하고 말했다. 손립이 말했다. "그놈들을 한 놈도 해치지 말고 얼른 죄수 호송용 수레 일곱 대를 만들고는, 송강을 잡으면 모조리 동경으로 압송하십시오. 축가장이 세상에 이름을 날릴 수 있도록 말입니다."

一班 yìbān 한 무리 │ **师兄弟** shīxiōngdì 동문의 선후배 │ **信任** xìnrèn 신임(하다) │ **披挂** pīguà 군장을 하다, 무장하다 │ **上阵** shàngzhèn 출진하다, 전투에 나서다 │ **山贼** shānzéi 산적 │ **囚车** qiúchē 죄수 호송차 │ **扬名天下** yángmíng tiānxià 세상에 이름을 날리다

祝朝奉感谢地说：“多亏提辖相助，这回梁山
Zhù Cháofèng gǎnxiè de shuō :“Duōkuī tíxiá xiāngzhù, zhè huí Liángshān-

泊该灭了。”第五天早饭后，宋江兵分四路来打祝
pō gāi miè le.” Dì wǔ tiān zǎofàn hòu, Sòng Jiāng bīng fēn sì lù lái dǎ Zhù-

家庄，孙立说：“分十路又怎样！你们不要慌，多
jiāzhuāng, Sūn Lì shuō :“Fēn shí lù yòu zěnyàng! Nǐmen búyào huāng, duō

准备些挠钩套索，捉活的。”这时祝家庄上擂了三
zhǔnbèi xiē náogōu tàosuǒ, zhuō huó de.” Zhèshí Zhùjiāzhuāng shang léi le sān

通战鼓，放了一声炮，前后门全都打开，放下吊桥，
tōng zhàngǔ, fàng le yì shēng pào, qiánhòumén quándōu dǎkāi, fàngxià diàoqiáo,

一齐杀将出来，孙立带了十多个兵士，站在吊桥上；
yìqí shā jiāng chūlái, Sūn Lì dài le shí duō ge bīngshì, zhànzài diàoqiáo shàng ;

孙立把带来的梁山泊旗号插在门楼上。
Sūn Lì bǎ dàilái de Liángshānpō qíhào chāzài ménlóu shàng.

축조봉은 고마워하며 말했다. “제할께서 도와주시는 덕분에 이번에 양산박이 필시 소탕될 것입니다.” 다섯째 날 아침 식사 후 송강이 군사를 4로(路)로 나누어 축가장을 공격하러 오자 손립은 이렇게 말했다. “열 길로 나누어 쳐들어온 들 또 어쩔 거라고! 여러분은 당황하지 말고 갈고리와 올가미를 많이 준비해서 산채로 잡으시오.” 이때 축가장에서 전투 개시를 알리는 북을 세 번 치고 대포를 한 방 쏘고는 앞뒤문을 모두 다 열고 현수교를 내려 일제히 진격해 나왔는데, 손립은 십여 명의 병사를 데리고 현수교 위에 섰다. 손립은 가지고 온 양산박의 깃발을 문루 위에 꽂았다.

多亏 duōkuī 덕분에 ┃ **相助** xiāngzhù 서로 돕다, 협조하다 ┃ **路** lù 노선 ┃ **挠钩** náogōu 갈고리 ┃ **套索** tàosuǒ 올가미 ┃ **擂** léi 두드리다 ┃ **通** tōng 번, 차례 ┃ **战鼓** zhàngǔ 전고, 옛날 진중(陣中)에서 치던 북 ┃ **将** jiāng [조기 백화(白話)에서 동사와 방향보어 중간에 쓰여 그 동작의 지속성이나 시작 등을 나타냄]

宋公明三打祝家庄
12

邹渊、邹闰抡动大斧，把守监的庄兵砍翻，开
Zōu Yuān、Zōu Rùn lūndòng dàfǔ, bǎ shǒujiān de zhuāngbīng kǎnfān, kāi

了囚车，把七条好汉放了出来。祝朝奉见势不好，
le qiúchē, bǎ qī tiáo hǎohàn fàng le chūlái. Zhù Cháofèng jiàn shì bù hǎo,

正要投井，早被石秀一刀剁翻。后门的解珍、解宝
zhèngyào tóu jǐng, zǎo bèi Shí Xiù yì dāo duòfān. Hòumén de Xiè Zhēn、Xiè Bǎo

去马草堆里放了一把火，黑焰冲天而起。梁山兵马
qù mǎcǎoduī lǐ fàng le yì bǎ huǒ, hēi yàn chōng tiān ér qǐ. Liángshān bīngmǎ

看见山庄着火，齐心协力向前冲。祝虎忙往回奔，
kànjiàn shānzhuāng zháo huǒ, qí xīn xié lì xiàng qián chōng. Zhù Hǔ máng wǎng huí bèn,

孙立在吊桥上大喝一声："你往哪里去？"祝虎忙
Sūn Lì zài diàoqiáo shàng dà hè yì shēng : "Nǐ wǎng nǎli qù?" Zhù Hǔ máng

拨转马头，吕方、郭盛两戟齐举，把祝虎连人带马
bōzhuǎn mǎtóu, Lǚ Fāng、Guō Shèng liǎng jǐ qí jǔ, bǎ Zhù Hǔ lián rén dài mǎ

打翻在地。东路祝龙也打不过林冲，飞马往后庄而
dǎfān zài dì. Dōnglù Zhù Lóng yě dǎ bu guò Lín Chōng, fēi mǎ wǎng hòuzhuāng ér

来，被李逵撞上，一斧结果了性命。祝彪不敢回去，
lái, bèi Lǐ Kuí zhuàngshàng, yì fǔ jiéguǒ le xìngmìng. Zhù Biāo bùgǎn huíqù,

投奔扈家庄去。扈三娘的哥哥为救妹妹，将祝彪活
tóubèn Hùjiāzhuāng qù. Hù Sānniáng de gēge wèi jiù mèimei, jiāng Zhù Biāo huó-

捉，正准备送给宋江，恰好遇着李逵，又一斧，将
zhuō, zhèng zhǔnbèi sònggěi Sòng Jiāng, qiàhǎo yùzháo Lǐ Kuí, yòu yì fǔ, jiāng

祝彪的头砍下。
Zhù Biāo de tóu kǎnxià.

宋江大获全胜，兵分三队摆开，押着几十车
Sòng Jiāng dà huò quán shèng, bīng fēn sān duì bǎikāi, yā zhe jǐshí chē

战利品，浩浩荡荡连夜向梁山泊进发。
zhànlìpǐn, hàohàodàngdàng liányè xiàng Liángshānpō jìnfā.

추연과 추윤은 큰 도끼를 휘두르며 감옥을 지키던 적병들을 베어 쓰러뜨리고, 죄수 호송용 수레를 열고 일곱 명의 호한을 풀어주었다. 축조봉은 전세가 불리한 것을 보고 우물에 뛰어들려고 하다가 석수의 칼에 먼저 맞고 쓰러졌다. 후문에 있던 해진과 해보는 마초 더미로 가서 횃불을 놓았고, 검은 화염이 하늘로 치솟아 올랐다. 양산의 병마들은 산장에 불이 난 것을 보고 한마음으로 협력하여 앞을 향해 돌진했다. 축호가 서둘러 뒤돌아 달리자 손립이 현수교 위에서 큰 소리로 외쳤다. "너 이놈 어디 가느냐?" 축호는 급히 말머리를 돌렸는데 여방과 곽성이 두 창을 일제히 세워 축호를 말과 함께 바닥에 때려눕혔다. 동로의 축룡도 임충과 싸워 이기지 못하고 쏜살같이 말을 달려 마을 뒤편으로 왔다가 이규와 맞닥뜨려 도끼질 한 방에 목숨을 잃었다. 축표는 감히 돌아가지 못하고 호가장으로 도망쳤다. 호삼낭의 오빠는 여동생을 구하기 위해 축표를 생포하여 송강에게 바치려고 하던 참에, 때마침 이규를 만나 또 도끼질 한 방에 축표의 머리가 잘려나갔다.

송강은 대승을 거두고 군대를 삼 대로 나누어 도열시키고 수십 수레의 전리품을 호송하며 위풍당당하게 양산박을 향해 밤새 진군하였다.

见势不好 jiàn shì bù hǎo 정세가 불리하다고 여기다 ┃ **投井** tóujǐng 우물에 뛰어들다 ┃ **马草** mǎcǎo 말꼴, 말먹이 풀 ┃ **焰** yàn 불꽃, 화염 ┃ **冲天而起** chōng tiān ér qǐ 하늘로 치솟아 오르다 ┃ **着火** zháohuǒ 불나다 ┃ **齐心协力** qí xīn xié lì 한마음으로 협력하다 ┃ **冲** chōng 돌진하다, 돌파하다 ┃ **恰好** qiàhǎo 바로, 마침 ┃ **大获全胜** dà huò quán shèng 완승을 거두다 ┃ **战利品** zhànlìpǐn 전리품 ┃ **浩浩荡荡** hàohàodàngdàng 위풍당당하다 ┃ **进发** jìnfā 출발하다, 전진하다

1 본문을 읽고 다음 물음에 답하시오.

(1) 祝家庄的人为什么都把刀枪插在门口?

　　A. 为了出卖

　　B. 为了装饰

　　C. 为了打仗

(2) 盘陀路的意思是——

　　A. 弯弯曲曲的路

　　B. 曲折回旋的路

　　C. 陡峭的山路

(3) 宋江怎么能够获得了最后的胜利?

　　A. 由于先派人去打探

　　B. 由于活捉了一丈青

　　C. 由于利用了孙立的计策

2 녹음을 듣고 빈칸에 들어갈 말을 써 넣으시오.

(1) 大军杀到独龙冈, 已是黄昏, 只见庄前吊桥高高(　　　　), 庄门里一片(　　　　)。

(2) 这时梁山(　　　　)的兵马已到, 一场厮杀, 双双各自(　　　　)。

(3) 宋江见二打祝家庄(　　　　)没有成功还损兵折将, 心中(　　　　), 在帐中一直坐到天亮。

3 다음 문장을 자연스러운 우리말로 옮기시오.

(1) 于是暗传将令，叫三军只看有白杨树便转弯，不管路窄路宽，只认白杨树。

➡

(2) 一丈青飞刀纵马直奔林冲，林冲挺枪迎战。

➡

4 다음 문장을 자연스러운 중국어로 옮기시오.

(1) "그곳은 길이 구불구불하고 복잡하다고 하니 (우리는) 먼저 두 사람을 보내 탐색을 (좀) 하는 것이 좋겠습니다."

➡

(2) 복병들은 촉등이 보이지 않자 모두 이리저리 도망쳤다.

➡

<table>
<tr><td>실력 다지기 6
P38</td><td>

1   (1) C   (2) B

     (3) A

2   (1) 齐全, 挑选, 发愁   (2) 差遣, 何时

     (3) 立即, 临走

3   (1) "당신은 지금 원수로서 대권을 쥐고 계시는데 이 부귀공명이 어디에서 온 건지 아세요?"

     (2) 한 행상이 그에게 돈을 주자 다른 한 사람이 기회를 틈타, 다른 한 통의 뚜껑을 열고 한 바가지를 떠서는 숲 쪽으로 갔다.

4   (1) 人非草木, 怎能忘岳父提之恩?

     (2) 那边的军汉看着, 心里发痒, 便向杨志求情.

</td></tr>
</table>

<table>
<tr><td>실력 다지기 7
P64</td><td>

1   (1) B   (2) C

     (3) A

2   (1) 涌, 西沉   (2) 凭借, 仗着, 趴下

     (3) 威风凛凛, 敬佩

3   (1) "저희 이 술은 '병을 뚫는 향기' 라고도 부르고, '문 나서면 졸도' 라고도 합니다. 막 입에 들어갈 때는 향기롭고 맛이 좋은데, 마셔서 뱃속에 들어가면 금방 쓰러집니다."

     (2) 원래 그 호랑이는 사람을 잡을 때 단지 한 번 덮치고, 한 번 뒷발질 하고, 한 번 내리칠 뿐이어서, 이 세 기술이 실패하면 성질이 우선 반은 죽게 된다.

4   (1) "不要胡说, 我少不了你的酒钱."

     (2) 他受惊, 酒都化作冷汗出了.

</td></tr>
</table>

<table>
<tr><td>실력 다지기 8
P90</td><td>

1   (1) A   (2) C

     (3) B

2   (1) 转眼, 时常   (2) 欣赏, 悬挂

     (3) 神手, 荣幸

</td></tr>
</table>

3 (1) "이 청풍채는 청주의 한 요새인데 만약 제가 혼자서 여기서 지키면, 이 주위의 힘센 놈들 중에 감히 소란을 피우는 자가 없을 겁니다."

   (2) 유고는 놀라 혼비백산하며 화영의 무예가 뛰어난 것이 두려워 감히 나와 만날 수가 없었다.

4 (1) 那二百来人都拥在门口, 谁也不敢先进去.

   (2) "今天既然相遇, 我们劝二位讲和怎么样?"

---

1 (1) A   (2) B

   (3) C

2 (1) 训斥, 倚仗   (2) 要好, 一哄而走

   (3) 投机, 吵闹

3 (1) 송강은 나와 깊이 사귄 적이 없는데도 나한테 은자 10냥을 빌려주다니, 과연 의를 중시하고 재물을 가벼이 여기는 것이 명성 그대로이군.

   (2) 송강은 이규가 그 사람에게 붙잡힌 채 물에 빠져 힘겨워하는 것을 보고는, 대종을 시켜 사람들에게 부탁해 가서 구하도록 하였다.

4 (1) "那人要钱我偏不给他, 看他敢把我怎样?"

   (2) "我打死人, 自己承担, 绝不连累你."

---

1 (1) B   (2) A

   (3) C

2 (1) 见景生情, 探望   (2) 抢劫, 滋味

   (3) 赡养, 信以为真

3 (1) 이 때 한 사내가 살금살금 산 뒤쪽에서 돌아왔는데, 그 아낙은 그를 뒷문으로 들어오게 했다.

   (2) 이규는 어머니의 남은 유골을 수습하여 베적삼으로 싸고는, 한바탕 대성통곡을 하고 절 뒤편에 구덩이를 파서 매장하였다.

4 (1) 事不宜迟, 我今天就走.

   (2) 刚才有个黑大汉来到家里, 正叫我给他做饭吃.

1 (1) C   (2) B

    (3) C

2 (1) 拽起, 黑暗   (2) 接应, 收兵

    (3) 非但, 烦闷

3 (1) 그리하여 전군은 백양나무가 있는 것을 보기만 하면 바로 모퉁이를 돌고, 길이 좁든 넓든 백양나무만 확인하도록 몰래 군령을 전하였다.

    (2) 일장청은 칼을 날렵하게 휘두르며 말을 놓아 곧장 임충에게 달려들었고, 임충은 창을 들고 맞서 싸웠다.

4 (1) 听说那里道路曲折复杂, 我们可以先派两个人去打探打探.

    (2) 伏兵不见烛灯, 都乱窜起来.